DER HORROR-FILM
Von Dracula zum Zombie-Schocker

von NORBERT STRESAU

Originalausgabe

WILHELM HEYNE VERLAG
MÜNCHEN

HEYNE FILMBIBLIOTHEK
Nr. 32/96

Herausgeber: Bernhard Matt

Copyright © 1987 by Wilhelm Heyne Verlag GmbH & Co. KG, München,
und Autor
Umschlag- und Rückseitenfoto: Stiftung Deutsche Kinemathek, Berlin
Innenfotos: Stiftung Deutsche Kinemathek, Berlin; Archiv Dr. Karkosch, Gilching;
Deutscher Fernsehdienst, München; Archiv Lothar Just, München
Umschlaggestaltung: Atelier Ingrid Schütz, München
Printed in Germany 1987
Satz: Fotosatz Völkl, Germering
Druck und Verarbeitung: Ebner Ulm

ISBN 3-453-86098-5

Inhalt

DANKSAGUNG

Mein erster Dank gilt natürlich John Badham, der die Freundlichkeit besaß, für diesen Band das Vorwort zu verfassen. Als John damals auf PR-Tour für seinen neuen Film *Short Circuit* nach München kam, wußte ich nicht so recht, wie er auf diesen Vorschlag reagieren würde. Um so mehr freute es mich daher, als er nicht nur ohne großes Wenn und Aber annahm, sondern sich auch noch eine geschlagene Stunde mit mir über das geplante Buch unterhielt.

Was den Inhalt betrifft, haben mir vor allem zwei Kollegen sehr weitergeholfen. In Sachen klassischer Horrorfilm bescherte mir Hans-Joachim Neumann mehrere für mich neue Erkenntnisse. Auch die langen Diskussionen mit Joachim Müller über Wert und Unwert von George A. Romero und Lucio Fulci waren für mich stets sehr wertvoll.

Dank in organisatorischer Hinsicht schulde ich wie immer Lothar Just, ohne dessen hoffentlich bald computerunterstütztes Bildarchiv dieses Buch um einige Bilder ärmer wäre. Danken möchte ich auch Dieter Lidl und Bernhard Matt für ihre erstaunliche Geduld, als ein Abgabetermin nach dem anderen platzte.

Gerne möchte ich schließlich auch M. B. danken, der mir *The Texas Chainsaw Massacre* noch einmal zeigte. Da ich ihn nicht in Schwierigkeiten bringen will und mir die Rechtslage in diesem Zusammenhang ein wenig unklar ist, möge er mir jedoch verzeihen, daß er hier nicht mit vollem Namen genannt wird.

Gewidmet soll dieses Buch all jenen Menschen in diesem unserem Lande sein, die im Namen des guten Geschmacks reihenweise Horrorfilme verstümmeln und verbieten. Als positiv denkender Mensch gehe ich davon aus, daß sie nicht aus primitivem Bevormundungstrieb, sondern aus schlichter Unwissenheit so handeln. Wenn dieses Buch auch nur einen von ihnen dazu bringen würde, seine Entscheidung zu bereuen, dann hätte es seinen Zweck erfüllt.

Norbert Stresau   *München, im Dezember 1986*

Vorwort

Während das wunderschöne junge Mädchen friedlich in ihrem Bett schlummerte, drang ein übler, wie aus tiefen Grüften stammender Geruch durch die offene Verandatür. Wie aus dem Nichts gezaubert, stand er plötzlich vor ihr. Verfaultes Fleisch hing in Fetzen von seinem grotesken Gesicht, seine Augäpfel sonderten einen milchigen Schleim ab. Langsam bewegte er sich auf sie zu. Ihre Brüste hoben und senkten sich. Als seine Schuppenhände nach ihrem Hals griffen, flogen ihre Augen auf. Zutiefst entsetzt öffnete sie ihren Mund. Doch sein Gesicht, dieses groteske, furchtbare Gesicht, erstickte jeden Schrei ...

GENUG! Warum sollte jemand so einen Schwachsinn lesen oder schreiben wollen? Was ist an Horrorgeschichten und Horrorfilmen dran, das sie so dauerhaft und beliebt macht? Warum vertieft sich jeder von uns irgendwann in seinem Leben einmal in solche miserablen Schundheftchen, die man kaum als Literatur bezeichnen kann? Und wieviele Eltern haben sich nicht schon gefragt: »Was gefällt ihm bloß an diesen gräßlichen Filmen? Wer will schon miterleben, wie sich Menschen in Insekten verwandeln, von entsprungenen Irren in Stücke gehackt oder von unbeschreiblichen Aliens oder weißen Haien angefallen werden? Was muß das für ein Mensch sein, der auch noch dafür bezahlt, um zuzusehen, wie ein Vampir die Menschheit ihres Lebensblutes beraubt?«

Die Antwort ist recht einfach! Irgendwann im Leben, meist in der Jugend des Betreffenden, üben solche Geschichten auf *jeden* eine starke Anziehung aus.

Die Frage ist, warum. Und warum gerade in unserer Jugend? Selbst bodenständige Menschen fühlen sich von derlei Erzählungen unerbittlich angezogen, ob sie sich nun in Form eines Films oder in Form jener Geschichten darbieten, wie man sie sich des Nachts am Lagerfeuer erzählt.

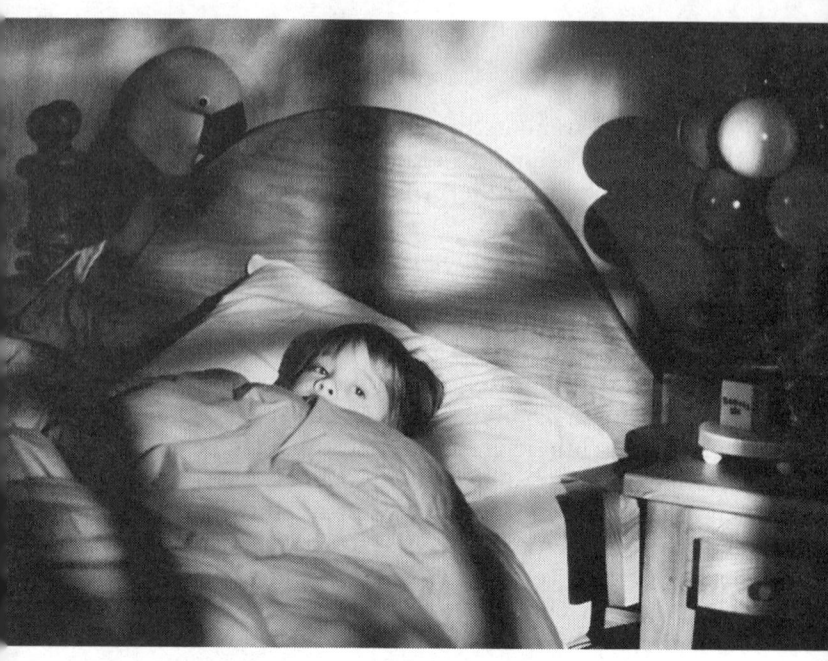

Schlüsselelement Nacht – Danny Pintauro in ›Cujo‹

Nacht, das ist ein Schlüsselelement. Denn dann versagen unsere Augen ihren Dienst, und das Unbekannte rückt immer näher, umschließt uns, kreist uns ein.

Wenn ein Filmemacher oder ein Erzähler zu einer solchen Geschichte anhebt, fesselt er uns dadurch, daß er sein Garn um Dinge herumspinnt, die wir fürchten; Dinge, die uns Angst einjagen und Alpträume bescheren. Seine Geschichten werden zu einer Fortschreibung unserer Alpträume. Und dennoch: Wenn er genügend Talent besitzt, wird uns seine Geschichte nicht nur Angst einjagen, sondern uns auch unterhalten. Und in dieser empfindlichen Balance aus Furcht und Unterhaltung verschwinden unsere eigenen Ängste dann mitunter. Wenigstens für kurze Zeit.

Wir sondieren unsere Ängste gern auf diese Art. Anstatt sich ihnen zu stellen, ziehen wir es vor, unsere Ängste gewissermaßen aus zweiter Hand zu erleben. Doch selbst dann sind viele unserer tiefsten Ängste zu schrecklich, als daß man sich ihnen im Rahmen einer erfundenen Geschichte stellen könnte. *Jaws* war ein ungeheuer erfolgreicher Horrorfilm. Die Vorstellung, ein weißer Hai könne eine ganze Stadt bedrohen, faszinierte und schockierte die Zuschauer gleichermaßen. In den außergewöhnlichen Meeresbildern des Films sahen wir ein absolut unaufhaltsames Ungeheuer bei der Arbeit.

ABER. Wir, die Zuschauer, waren immer sicher. Weil wir selbst ja nicht ins Wasser gehen mußten. Wir konnten uns einreden, daß wir genügend gesunden Menschenverstand hatten, einem solchen Etwas nicht zu nahe zu kommen. Genau das war das Erfolgsgeheimnis des Films: Er befaßte sich auf herrlich spannende Art und Weise mit unserer Urangst vor dem Wasser und gab uns doch gleichzeitig das Gefühl völliger Sicherheit. Immerhin wußten wir, daß wir nicht schwimmen gehen mußten.

Ungefähr zur selben Zeit wie *Jaws* kam ein Film namens *Marathon Man* heraus. Darin gab es eine nicht minder schreckliche Szene, in der Laurence Olivier mit einem Zahnarztbohrer Dustin Hoffman direkt in den Zahnnerv bohrt, um einige Informationen aus ihm herauszuholen – das Ganze natürlich ohne örtliche Betäubung. Ursprünglich dauerte die Szene beinahe acht Minuten. Während einer Preview standen die Zuschauer in diesem Augenblick beinahe geschlossen auf und verließen das Kino. Vor der nächsten Preview schnitt John Schlesinger die Szene daher auf die Hälfte zusammen. Trotzdem schien das keinen großen Unterschied zu machen: Wieder verließen die Zuschauer das Kino. Schlesinger kürzte die Szene noch einmal um die Hälfte. Ohne Wirkung. Als der Film dann schließlich in die Kinos kam, war von der acht Minuten langen Szene nur noch eine einzige Einstellung übriggeblieben. Olivier sieht Hoffman an und schaltet den Bohrer ein. Bevor der Bohrer Hoffmans Zähne berührt, schneidet der Film auf Olivier, wie er den Raum wieder verläßt und einem Helfershelfer gegenüber erwähnt, Hoffman habe nichts gewußt.

Die Zuschauer lehnten die Szene deshalb ab, weil sie zu dicht an ihren persönlichen Erfahrungen lag. Jeder von uns geht regelmäßig zum Zahnarzt. Wir kennen den Anblick des Bohrers, das winselnde Geräusch des Motors. Wir wissen nur zu gut, wie es sich anfühlt, wenn der Zahnarzt damit in unserem Mund herumdoktert. Dieses Gefühl auf der Leinwand nachzuvollziehen, ist eine zu intensive, zu reale, zu dicht an unserem Alltag stehende Erfahrung. Nur diejenigen unter uns, die mit einem starken Magen ausgestattet sind, die Abenteuerlustigsten und Wagemutigsten, stellen sich freiwillig etwas, das uns so unmittelbar berührt.

Einer der beliebtesten Figuren des Horrorfilms ist der Vampir. Über 100 Filme wurden bislang über solche Kreaturen gedreht, denen das ausgesaugte Blut unschuldiger Menschen zu ewigem Leben verhilft. Eine solche Figur spricht zahlreiche tiefsitzende Wünsche und Ängste an, in ihr verbindet sich der schwarze Mann aus unserer Kindheit mit unserem Selbsterhaltungstrieb und dem Wunsch nach Unsterblichkeit.

Alle Lebewesen sind von Natur aus mit einem starken Selbsterhaltungs- und Fortpflanzungstrieb ausgestattet. Erst in der Phantasie des Menschen jedoch entsteht aus diesen Instinkten der Drang nach Unsterblichkeit. Und doch bleibt diese Unsterblichkeit für uns bloße Sterbliche unerreichbar – es sei denn, durch den Eingriff übernatürlicher Mächte. Capras *It's a Wonderful Life* befaßt sich mit einer von den Mächten des Guten gelenkten Reinkarnation. In *Dracula* dagegen stehen die Mächte des Bösen hinter dieser Reinkarnation. Ganz folgerichtig muß dieses Geschöpf, das seine Unsterblichkeit durch eine Gabe Sa-

SEIN NAME HAT DIE HERZEN DER MÄNNER STETS MIT SCHRECKEN ERFÜLLT,
DIE HERZEN DER FRAUEN ABER MIT VERLANGEN

Dracula
Eine Love Story

MIRISCH CORPORATION ZEIGT
FRANK LANGELLA MIT LAURENCE OLIVIER
IN DRACULA
MIT DONALD PLEASENCE · KATE NELLIGAN
EINE WALTER MIRISCH-JOHN BADHAM PRODUKTION
DREHBUCH: W. D. RICHTER NACH EINEM BÜHNENSTÜCK VON HAMILTON DEANE
UND JOHN L. BALDERSTON NACH DEM ROMAN VON BRAM STOKER
MUSIK: JOHN WILLIAMS SPEZIALEFFEKTE: ALBERT WHITLOCK
AUSFÜHRENDER PRODUZENT: MARVIN MIRISCH PRODUKTION: WALTER MIRISCH
REGIE: JOHN BADHAM
PANAVISION EIN UNIVERSAL-FILM IM VERLEIH DER CINEMA INTERNATIONAL CORPORATION

tans erlangt hat, einen hohen Preis dafür bezahlen. Dracula muß andere Menschen anstecken und damit die Mächte des Guten schwächen, indem er ihnen das Blut, die Lebensenergie, aussaugt. Einem solchen Wesen gegenüber

John Badham

hegen wir ausgesprochen gemischte Gefühle. Zum einen
fasziniert uns Draculas Unsterblichkeit. Gleichzeitig stößt
uns aber auch die Vorstellung ab, Vampire und Zombies
könnten unschuldige Menschen anfallen und sie damit zu
einer immerwährenden Hölle auf Erden verdammen.
Natürlich verlangt die religiöse Tradition letztendlich den
Untergang solcher Geschöpfe. Und dennoch: Je nach den
religiösen Ansichten des Regisseurs können die Mächte
des Bösen am Ende durchaus siegreich bleiben, allenfalls
eine zeitweilige Niederlage durch die Hand der jeweiligen
Protagonisten erleiden. Folgerichtig gibt es zahllose *Dracula*- und *Friday the 13th*-Fortsetzungen, um nur einige zu
erwähnen. Der schwarze Mann in unseren Träumen mag
verschwinden, wenn wir aufwachen. Und trotzdem wird er

in der darauffolgenden Nacht zurückkehren, um uns erneut zu quälen. Unsere Lebensspanne mag begrenzt sein, doch die bösen Mächte des Universums währen ewig.

Als Erwachsene scheuen wir das Thema Horrorfilm zumeist, im Gefühl, über ihn hinausgewachsen zu sein. Und trotzdem gibt es niemals eine Zeit, wo in den tiefen, finsteren Abgründen unserer Seele nicht noch etwas Unbekanntes stecken würde, irgendein verborgener Schrecken. Bis uns schließlich das unausweichliche Schicksal jedes Menschen ereilt, wird unsere fruchtbare Phantasie noch viele schreckliche Nächte damit zubringen, über die grauenvolle Endgültigkeit dieses letzten Augenblicks nachzusinnen.

John Badham
September 1986

I. Fetische

What do you see
when you turn out the light?
I can't tell you
But I know it's mine.

The Beatles

Jeder, der sich des öfteren Horrorfilme ansieht, kennt die Erfahrung: Man sitzt im Kino, der Höhepunkt steht dicht bevor, und auf der Leinwand spitzen sich die Ereignisse zu. Vielleicht geht vor dem Schloß die Sonne unter, während Dr. van Helsing in der Gruft noch immer wacker nach dem Sarg sucht, vielleicht merkt die nackte Heldin plötzlich, wie Jasons Schatten vor dem Kleiderschrank auftaucht, in dem sie sich versteckt hat – es spielt keine große Rolle, was genau dort oben auf der Leinwand passiert. Doch auf einmal, ganz plötzlich, werden die Bilder zu intensiv. Keine Frage, man sieht weiter hin, immerhin ist man ja kein Feigling. Trotzdem möchte man die Dinge, die da kommen werden, vielleicht doch nicht so in aller Deutlichkeit miterleben. Und schon sucht man in derselben Geste Zuflucht wie schon Millionen anderer Zuschauer vor einem: Man schlägt die Hände vor die Augen und sieht durch die mehr oder weniger weit gespreizten Finger. Sucht man nach dem kleinsten gemeinsamen Nenner aller Horrorfilme, kann es nur diese eine Handbewegung sein. Schlug man 1931 beim Anblick Boris Karloffs die Hände vors Gesicht, löst 1986 vielleicht die Alien-Mutter eine solche Reaktion aus. Die Geste ist allgemeingültig, weder an Ort noch Zeit noch Film gebunden, und wer sie in aller Konsequenz versteht, hat den Horrorfilm verstanden. Was also zwingt den Zuschauer zu gerade dieser Handbewegung?

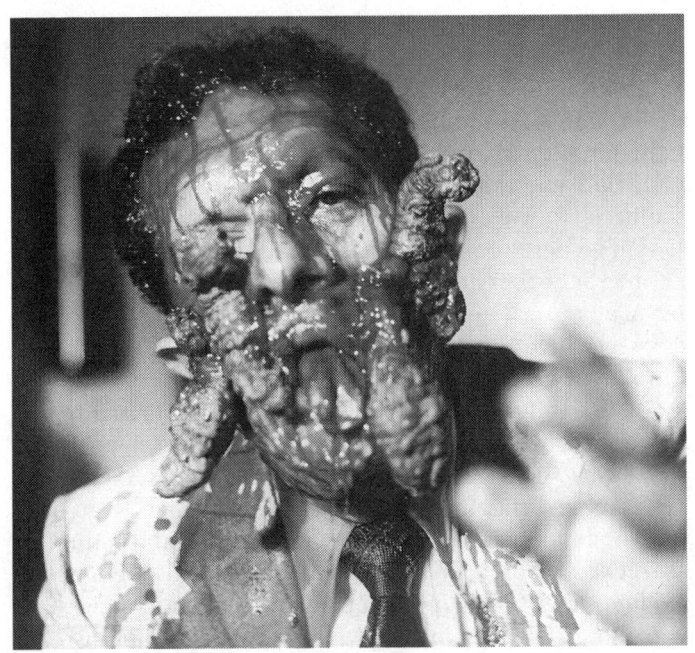

Konkretisierung diffuser Ängste – ›Shivers‹

Die naheliegende Antwort muß natürlich lauten: Das Nervenkostüm des Betreffenden ist nicht gerade das beste. Angst ist kein angenehmes Gefühl, Angst zu vermeiden, daher eine ganz natürliche Reaktion. Man läuft ja auch nur ungern nachts allein über einen Friedhof. Die Erklärung ist plausibel und hat dennoch einen Haken; sie erklärt, wenn man so will, die Finger, aber nicht den Raum dazwischen.

Um auch diesen Zwischenraum zu erklären, um zu begründen, warum man überhaupt an der Kinokasse für derlei negative Gefühle bezahlt, existiert schon seit Aristoteles die sogenannte Katharsis-Theorie. Horrorfilme, so die Theorie in Kurzform, würden den zunächst diffusen Äng-

sten konkrete Gestalt verleihen, sie damit zunächst dome-
stizieren, schließlich stellvertretend für den Zuschauer
vernichten und ihm so erlauben, mit ihnen fertig zu werden. Anders formuliert: Man bremst deshalb bei Ver-
kehrsunfällen ab und sieht genau hin, um sich zu überzeu-
gen, daß ein solcher Tod vielleicht doch nicht ganz so
schlimm ist, wie einem die eigene Phantasie vorgaukelt.
Damit ist bereits einiges über die Struktur des Horrorfilms
gesagt: Sein oberstes Ziel muß es sein, zu einer solchen Balance aus Angst und Neugier, Furcht und Mitgefühl zu finden, Symbole für den Wunsch nach und die gleichzeitige
Furcht vor einem Blick zu entwerfen.
Dabei handelt es sich nur in den seltensten Fällen um eine
bewußte Entscheidung des Regisseurs. So schwört beispielsweise George A. Romero Stein und Bein, daß er seine Zombie-Trilogie keineswegs als politischen Kommen-
tar verstanden habe, daß er die Leute einfach nur er-
schrecken wollte. Erst dieser Glaube macht *Night of the
Living Dead* (Die Nacht der lebenden Toten) jedoch so
wirksam, während ein Film wie *The Shining* (Shining), der
sich der Strukturen des Schreckens voll bewußt ist und sie
auch gezielt anzuwenden versteht, zu wenig mehr als einer
theoretisch brillanten, praktisch jedoch seltsam faden Fin-
gerübung zum Thema »Dynamisierung des Raumes« zer-
fällt. Das Wissen um den Blick selbst kann den Horrorfilm
zerstören: Hans W. Geissendörfers *Jonathan* ist nur ein
politisches Traktat, das sich einiger Genremotive bedient,
Paul Morrisseys *Dracula vuole vivere: cerca sangue di vergine* (Andy Warhols Dracula) nichts weiter als ein Sexfilm
mit Vampiren. Das Wesen des Genres ist der Fetischis-
mus, nicht der Voyeurismus, obwohl noch zu klären sein
wird, inwieweit seine modernen Vertreter, die des öfteren
der Gewaltpornographie beschuldigt werden, dieser Natur gerecht werden können.
So wird auch das Warum der erwähnten Geste deutlicher:
Zu seiner Rechtfertigung könnte ein eitler, seiner Courage

16

sicherer Zuschauer jedenfalls immer behaupten, daß der betreffende Film in diesem Augenblick eben versagt, ihn aus der Rolle eines passiven Fetischisten in die eines akti-

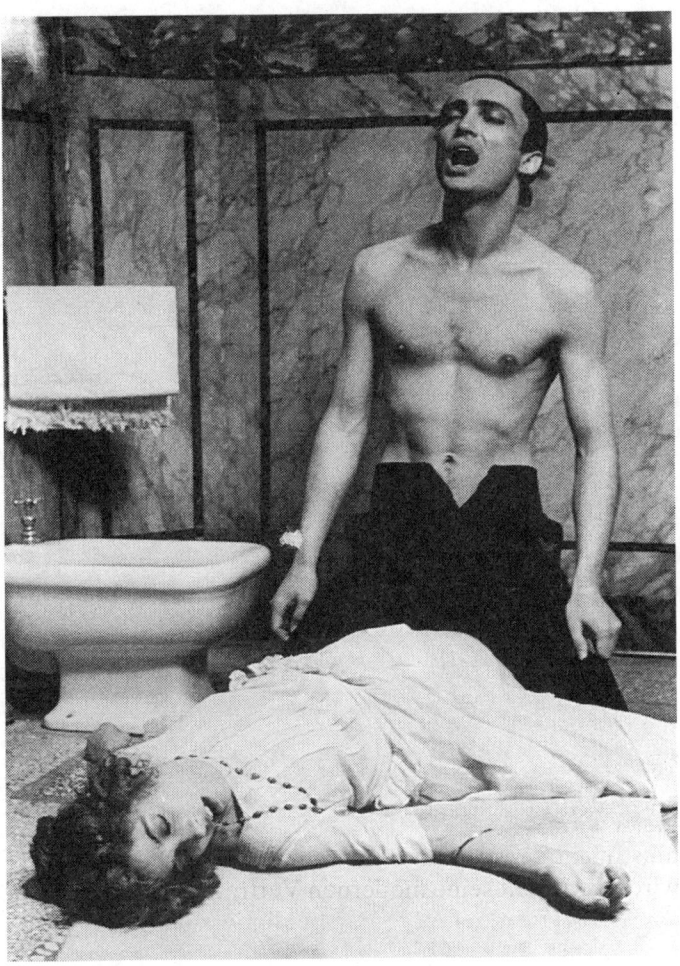

Zerstörung durch die Deutlichkeit – Udo Kier (r.) in ›Dracula vuole vivere: cerca sangue di vergine‹ (r.)

ven Voyeurs gedrängt habe – eine Rolle, die er wegen des negativen Charakters der gezeigten Emotionen nicht erfüllen könne und wolle. So sei ihm, dem Zuschauer, eben gar nichts anderes übriggeblieben, als sich seine Befriedigung selbst zu verschaffen, sich von einem passiven in einen aktiven Fetischisten zu verwandeln.

Die eigentliche Frage freilich steht nach wie vor im Raum: Wovor fürchten sich die Menschen so, worauf verspüren sie gleichzeitig eine derart unbändige Neugier, daß dieses Objekt dem Horrorfilm seine fetischistische Struktur förmlich aufzwingt? Und wie gelingt es dem Genre, diese Struktur filmisch umzusetzen?

II. Auflösung

The door was opened and the wind appeared
The candles blew and then disappeared
The curtains flew and then he appeared
Said »Don't be afraid«.

Blue Öyster Cult

Am Ende des sehr programmatisch betitelten *Friday the 13th Part 5 – A New Beginning* (Freitag, der 13. – Ein neuer Anfang) ist Jason wieder einmal tot. Erfahrungsgemäß hält im Horrorfilm ein solcher Zustand jedoch nie sehr lange vor. Zwei Teenager, die sich des Nachts auf dem Friedhof dieser Tatsache vergewissern wollen, und ein Blitz aus heiterem Himmel genügen da bereits: *Friday the 13th Part*

Tod ohne Endgültigkeit – ›The Return of the Living Dead‹

6 – Jason Lives! Und obwohl der Hockeymaskenträger am Ende dieser Fortsetzung an einen schweren Felsen gekettet in den Tiefen des Crystal Lake schwebt, beschleicht den Zuschauer doch das ungute Gefühl, daß sich zukünftige Taucher besser nicht in seine Nähe wagen sollten.

Solche Kreise sind eher die Regel als die Ausnahme. Kein anderes Genre kann mit so vielen Fortsetzungen, Remakes und Rip-Offs aufwarten wie der Horrorfilm. Wieder und immer wieder trifft Frankensteins Geist auf Draculas Tochter, leiden die Enkel des Wolfsmenschen unter einem neuen Fluch des Sohns der Mumie, hacken sich verrückte

Die Macht der Bilder – Vincent Price und Mark Damon in ›House of Usher‹

20

Die Auflösung von Raum und Zeit erzeugt den Alptraum – Jeff Goldblum in ›The Fly‹

Schlitzer durch die Nachbarschaft, bis sie schließlich von der zehnten Generation hungriger Zombies kurzerhand aufgefressen werden. Dracula gar ist hinter Sherlock Holmes die mit Abstand am häufigsten verfilmte Figur der Filmgeschichte, weit vor Zorro und Hopalong Cassidy: Das Wort Endgültigkeit existiert im Vokabular des Horrorfilms nicht; statt sich linear fortzubewegen, wird die Zeit in ihm zu »einem Medium zyklisch sich wiederholen-

Angriff auf die Augen – Scatman Crothers in ›The Shining‹

der Ereignisse, in dem oft Jahrhunderte und Minuten gleichwertig sind«.[1]

So ist auch die Bedrohung immer eine Bedrohung aus der Zeit, nicht nur in Form von antiken Flüchen und jahrhundertealten Vampiren. Auch Schlössern, Friedhöfen und sogar Gemälden, bloßen Vergangenheitsabbildungen also, wohnt eine ungeheuerliche Macht inne: Um Vincent Price in *The Haunted Palace* (Die Folterkammer des Hexenjägers) selbst in einen Hexenjäger zu verwandeln, genügt allein schon das Porträt seines Ahnen.

Diese Neuordnung der Zeit kann natürlich nicht ohne Konsequenzen bleiben; man muß nicht unbedingt Einstein bemühen, um das einzusehen. Wo sich die Zeit nicht mehr linear bewegt, kann auch der Raum nicht mehr existieren, muß sich auflösen, in Fragmente zerfallen: in einzelne Splitter eines Traumes nahe des psychischen Ereignishorizonts.

Die Auflösung des Raums ist der kategorische Imperativ des Horrorfilms. Den Raum als starre Folie, vor dem sich z. B. im klassischen Western das eigentliche Geschehen abspielt, gibt es in ihm nicht; der Angriff aus der Tiefe der Vergangenheit, die stets auch mit einem räumlichen »Unten« verbunden ist, vernichtet nach und nach alle bislang als unabänderlich betrachteten Naturgesetze: Die Toten leben, die Lebenden sind tot, die Einheit aus Ego, Id und Superego spaltet und verteilt sich auf verschiedene Personen, Zombies fressen Fleisch, obwohl ihr Magen längst zerfallen ist. Doppelt wirksam wird dieser Angriff dadurch, daß wir den Raum in aller Regel über unseren Gesichtssinn erfahren: So gilt der Angriff des Genres immer

Die Reise nach unten ist stets auch eine Reise in die Vergangenheit – ›The Haunted Palace‹

23

auch ein wenig unseren Augen, der verwundbarsten Stelle unseres Körpers.

Ganz folgerichtig ist der Horrorfilm ein Genre der Nähe. Nah- und Halbnahaufnahmen dominieren, Totalen finden sich eher selten und dann meist nur in einer sehr spezifischen Form. Eine wichtige Rolle kommt auch der Bewegung zu. In Sam Raimis *The Evil Dead* (Tanz der Teufel) etwa gleitet die Kamera rasant über kleine Waldseen auf das kleine Landhaus und die fünf Teenager zu, die dort ein Tonband mit antiken Beschwörungsgesängen abspielen. Auch Garrett Browns körperlose Steadycam in *The Shining* (Shining), die dicht über dem Boden Danny Lloyds Tretroller nachrast, irritiert das Auge des Zuschauers, zerstört feste Bezugspunkte, macht die labyrinthischen Gänge des Overlook-Hotels zu Zonen reinster Vertigo. Bis nach einem Umschnitt dann das vertikale Element, die toten Grady-Schwestern, in dieser *twilight zone* auftaucht und Danny versichert, daß er bleiben wird. Für immer und immer.

Wo die Physik Raumveränderungen nur bei hohen Geschwindigkeiten vorschreibt, kann im psychischen Universum des Horrorfilms auch die entgegengesetzte Methode zum selben Ergebnis führen; das Gegenstück zur Rasanz eines Stanley Kubrick findet sich im Stillstand eines Carl Theodor Dreyer. *Vampyr* (Vampyr – Der Traum des Allan Grey) entwickelt seine Geschichte in Zeitlupe, verzichtet ganz auf plumpe Schocks. Die Welt ist bleich, durch einen Gazefilter aufgenommen. Schnitte gibt es in ihr kaum, nur traumhaft langsame, horizontale Schwenks, in denen unvermittelt vertikale Elemente auftauchen. Immer wieder hebt eine dunkle Gestalt ein Loch im Boden aus, und bei jeder Wiederholung dieses Leitmotivs glaubt man, neue, bösere Bedeutungen zu erkennen als zuvor. Langsam, unmerklich schwindet das Leben, Schatten gewinnen die Oberhand und entfernen sich von den Körpern der Betroffenen, ohne daß es diesen auffallen würde.

Statische Bilder des Zerfalls – Mark Damon und Vincent Price in ›House of Usher‹

Vampyr und *The Shining* sind natürlich nur Extreme, zwischen denen unzählige Nuancen denkbar sind, darunter auch recht raffinierte. *House of Usher* (Die Verfluchten) etwa ist auf den ersten Blick ein ungeheuer statischer Film. In den Dialogsequenzen wirken die Schauspieler wie chloroformierte und aufgespießte Schmetterlinge, steif die schwülstigen Reden Richard Mathesons deklamierend. Doch dann bricht immer häufiger schwindelerregende Bewegung in die Starrheit ein. Mit dem Helden irrt die Kamera durch das Haus der Ushers, gleitet vor ihm zurück, umkreist ihn, schwebt vom Balkon seines Zimmers hori-

Aus der Peripherie des Sichtfelds in die Bildmitte – ›Halloween‹

zontal in die zerfallene Landschaft hinaus und klettert in einem großen vertikalen Zirkel über den fauligen Sumpf an der zerfallenden Außenwand wieder zu ihm empor. Bis schließlich der Punkt erreicht ist, an dem das Kontinuum die ihm aufgezwungenen Veränderungen nicht mehr ertragen kann.

Dieser spezielle Augenblick stellt in mehrfacher Hinsicht die Schlüsselstelle jedes Horrorfilms dar; wie in einem schwarzen Loch kollabieren Raum und Zeit. Auf der Ebene des Plots bedeutet dieser Moment zunächst nichts weiter als den Punkt, an dem die Stimmung in den Schock übergeht. Präziser formuliert, geht in diesem Moment das Nicht-Sehen, das immer auch die Möglichkeit des Sehens

beinhaltet (die »Stimmung«), in ein Sehen über, das freilich immer auch eine Möglichkeit des Nicht-Sehens bein-
halten muß, soll die fetischistische Struktur des Genres ge-
wahrt bleiben.

Formal weicht an diesem Punkt daher die Mise-en-scène
der Montage als bestimmendes Prinzip. Die Realität zer-
splittert wie beim berühmtesten Schockeffekt der Filmgeschichte, dem Duschmord in *Psycho* (Psycho), zu einem
atemberaubenden Wirbel von 70 Einstellungen in 45 Sekunden. In *The Exorcist* (Der Exorzist) und *Twilight Zone
– The Movie* (Unheimliche Schattenlichter) wiederum zer-
teilt die subliminale Manipulation die Wirklichkeit. Ein-

*Zersplitterung der Wirklichkeit durch 1/24 Sekunde lange Bilder – ›The
Exorcist‹*

27

zelne, nur 1/24 Sekunde lange Bilder einer teuflischen Fratze tauchen auf und bewirken oftmals recht verblüffende Effekte.[2]

Letztlich kann es in einer derart zerfetzten Realität keine Kausalität mehr geben, wie die vermutlich typischste Se-

Die Wirkung vor der Ursache – Eva Renzi in ›L'uccelle dalle piume di cristallo‹

Der gewaltsame Einbruch des Schreckens in den Bildkader – Shelley Duvall in ›The Shining‹

quenz des Genres demonstriert: die extreme Großaufnahme eines entsetzten Gesichts, der dann eine Abblende oder der Gegenschnitt auf die Bedrohung folgt. Zunächst ist eine solche Sequenz natürlich ein simples Mittel zur Spannungssteigerung, das letzte Hinauszögern des finalen Bildes. Auf einer anderen Ebene ist eine solche Szene aber auch eine ungeheuerliche Erschütterung der Realität insofern, als sich in diesen Sequenzen der normale Zeitablauf umkehrt. Das Kausalitätsprinzip ist aufgehoben, man sieht zunächst die Wirkung, dann die Ursache.

Freilich ist das Genre in diesen Augenblicken nicht unbedingt an die Montage gebunden. Erfinderischen Regisseuren, jenen also, die sich nicht damit begnügen wollen, Hände und Klauen durch Fenster und Türen (also: in den Bildkader) brechen zu lassen, sind hier keine Grenzen gesetzt. Was für Roger Corman der Reißschwenk ist und für Brian de Palma die *split screen*, sind für Ridley Scott die Stroboskopblitze, die die physischen Filmschnitte in *Alien* (Alien) vervielfachen.

Bekanntlich hat *Citizen Kane* bewiesen, daß sich eine Schnittfolge beispielsweise durch eine Staffelung in der Tiefe des Bildes, also durch die Mise-en-scène, ersetzen läßt. So bringt auch ein ansonsten völlig belangloses *c-picture* wie *Dawn of the Mummy* (Die Mumie des Pharao) einen sehr effektiven Schock zustande, in dem er die Aufmerksamkeit des Zuschauers zunächst auf den Bildhintergrund konzentriert, bis sich im Vordergrund plötzlich eine Mumie aufrichtet. Zu einer regelrechten Kunstform entwickelt sich dieses Prinzip in den Filmen Jacques Tourneurs: In *Cat People* (Katzenmenschen) ist es ein Bus, der plötzlich mit lautem Zischen vor Jane Randolph hält; bei Dana Andrews in *Night of the Demon* (Der Fluch des Dämonen) ist eine Hand, die sich beim nächtlichen Einbruch des Helden unvermittelt auf das Treppengeländer im Vordergrund legt.

Was sich im Rahmen des Plots in der ewigen Wiederkehr der Halbwesen artikuliert, die zyklische Natur des Horrorfilms, äußert sich auf der formalen Ebene so als Kreis von Mise-en-scène über die Montage zurück zur Mise-en-scène. Dabei muß das Ende der Geschichte heute nicht immer gleichbedeutend mit dem Zirkelschluß sein. Moderne Horrorfilme brechen den Zirkel nach klassischem Verständnis zu früh ab (*The Texas Chainsaw Massacre*/Blutgericht in Texas), beginnen zu spät (*Dawn of the Dead*/Zombie) oder deuten mit einem kleinen *shock ending* den Beginn eines neuen an (*The Howling*/Das Tier, *Mother's Day*/Muttertag); nicht zuletzt aus diesem Grund verstören diese Filme so. Auch beschränken sich solche Kreise keineswegs auf die globale Geschichte. In dem großen Zirkel namens *Psycho* existieren viele kleine; der Duschmord etwa, Martin Balsams Ermordung oder Vera Miles' Entdekkung von Mutters Mumie. Splatterfilme wie *Friday the 13th* (Freitag, der 13.) gar reihen so viele Kreise aneinander, daß diese sich mitunter gegenseitig neutralisieren.

Die Entdeckung des Kreises – Von Méliès zu Caligari

Die zyklische Natur des Genres und die Auflösung des Raums als untrennbar mit ihr verknüpftes Formprinzip waren keineswegs eine Erfindung des Kinos. Schon die *gothic novels* zeigten »eine Vorliebe für die Beschreibung überschaubarer Landschafts- und Architektureinheiten: Dörfer, Täler, Straßenzeilen; alle Bewegung bleibt hierin befangen. Zum guten Ende wird mit der Räumlichkeit

Tricktechnische Pionierleistungen – ›Eruption volcanique à la Martinique‹

auch das Phantastische verlassen. Die Bilder sind vollge-
stopft wie Genre-Gemälde des neunzehnten Jahrhunderts, der Blick ist von den Rändern her eingeengt.«[3] Angesichts solcher Vorbilder sollte man daher annehmen,
daß der Horrorfilm nicht lange brauchte, eine angemesse-
ne visuelle Umsetzung dieses Prinzips zu finden. Tatsächlich ist jedoch genau das Gegenteil der Fall.

Der Titel »Vater des Horrorfilms« gebührt dabei nach Ansicht der meisten Filmhistoriker dem Franzosen Georges
Méliès. Tatsächlich entdeckte und erforschte der 1861 ge-
borene Sohn eines Schuhfabrikanten in seinen ungefähr
500 Kurzfilmen beinahe die gesamte Palette der Spezialeffekte. Der Stop-Substitution in *Escamotage d'une dame
chez Robert-Houdin* folgten Versuche mit Mehrfachbe-
lichtungen und sogar Table-Top-Miniaturen, die er in
Eruption volcanique à la Martinique zur Simulation eines
Vulkanausbruchs benutzte. *Le voyage dans la lune* und *A
la conquête du pôle* legen die wohl bekanntesten Zeugnisse
seiner frühen Reife auf tricktechnischem Gebiet ab.

In ästhetischer Hinsicht ist seine Patenschaft jedoch in
mehrerer Hinsicht zumindest zweifelhaft. Méliès' Masken
und Effekte standen nur zu klar in der Tradition des Varie-
tés. Seine Lust an der Verkleidung, letztlich also seine spezielle Art Erotik, war eine naive, optimistische, weltent-
rückte. In einem erotischen oder politischen Sinn waren
das Eisungeheuer in *A la conquête du pôle,* die Vampire
und Teufel in *La manoir du diable* nicht wirklich bedrohlich, gehörten eher in den Bereich des Märchens.

Méliès' Ansatz, eher auf den Fantasyfilm denn den Horrorfilm späterer Jahre verweisend, gründete sich dabei
ebenso auf seine Zeit als Bühnenzauberer wie auf seinen
sozialen Status. Wie so viele Fabrikbesitzer und Erfinder
zählte auch er zur Klasse der Neureichen, die im Zuge der
Industriellen Revolution die alte Aristokratie abgelöst
hatte. Selbst ohne wirkliche kulturelle Vergangenheit,
umgab sich diese Schicht vorzugsweise mit einer kunter-

Moralisch unantastbar und dennoch erotisch – ›Le voyage dans la lune‹

bunten Mischung aller möglichen Stilrichtungen. Ihren stärksten Ausdruck fand diese Dekadenz dabei wohl in den Bildern Guillaume Adolphe Bouguereaus, dessen recht eklektische, moralisch unantastbare und zur selben Zeit doch höchst erotische Visionen wohlgeformter Göttinnen Antoine Lumière und insbesondere Georges Méliès in der Folge stark beeinflussen sollten. Tatsächlich wirkt *Voyage dans la lune* mit seinen ansehnlichen Damen in griechischen Gewändern und alten Männern, die neugierig hinter dem Saturn hervorschauen, um die Schönheiten in Augenschein zu nehmen, oftmals wie die Fortschreibung der ohnehin recht naturalistischen Bilder Bouguereaus mit der noch wirklichkeitsgetreueren Kamera.

Méliès zeigte andere, aber in sich selbst stabile Realitäten. Schnitte oder Kamerafahrten gab es bei ihm nicht, seine statische Kamera enthielt dem Zuschauer nichts vor, ließ den Raum intakt. Damit reduzierten sich die so wichtigen Zwischentöne auf ein reines Entweder/Oder: Ein leerer Raum, eine schnell verwehende Rauchwolke, und der Teufel stand da. Sehen oder Nicht-Sehen, Null oder Eins. (Man kann *La manoir du diable* und *La caverne maudite* mit einigem Recht als digitale Vorläufer unserer heutigen analogen Horrorfilme bezeichnen.)

Erst in den Jahren nach Méliès, nachdem man langsam die Möglichkeiten des neuen Mediums erforscht hatte, löste sich der Film von diesem Konzept. In den Jahren zwischen 1908 und 1915 entstand so eine ganze Reihe von Filmen, die, vorläufig noch recht zaghaft, aus dem überreichen Fundus der Gothic Novels schöpften. 1908 inszenierte William N. Selig eine 16 Minuten lange Fassung von *Dr. Jekyll and Mr. Hyde;* insgesamt wurde das Thema in den nächsten fünf Jahren noch sechsmal verfilmt. Daneben entstand mit dem englischen Kurzfilm *The Vampire* 1913 eine frühe Abhandlung des Tiermenschenmotivs. Noch blieben alle diese Experimente mit der Ambivalenz von Sehen und Nicht-Sehen freilich relativ krude. Nicht der Raum selbst veränderte sich in diesen Filmen, sondern etwas in ihm; um zu schockieren, genügte ihnen der Akt der Verwandlung eines Dr. Jekyll in einen klauenbewehrten Mr. Hyde, der Anblick Charles Ogles, der in seinem Bottich langsam Gestalt annahm. So widmen sich beispielsweise zwölf der insgesamt 25 Szenen von J. Searle Dawleys *Frankenstein* aus dem Jahre 1910 dem Schöpfungsakt des modernen Prometheus. Bezeichnend ist in diesem Zusammenhang das abrupte Ende des Films: Das Halbwesen kann sich nicht zuletzt auch deshalb einfach (und reichlich unmotiviert) in Luft auflösen, weil seine Umgebung seiner Existenz zu sehr widerspricht.

Das letzte Mosaiksteinchen, die Verwandlung auch der

Außenwelt, lieferte schließlich eine andere Kunstform, die Malerei. Noch bevor Méliès seine amüsanten Phantasmagorien inszenierte, machte in den radikaleren Zirkeln von Paris bereits eine neue Gruppe junger Künstler von sich reden. Ihrer Ansicht nach machte die Photographie die Bilder eines Bouguereau überflüssig. Statt dessen begannen sie mit reiner Farbe zu experimentieren; wenig später wich der Impressionismus Manets dann den postimpressionistischen Bildern eines Vincent van Gogh und Edvard Munch, in denen sich die inneren Ängste der Figuren in einer deformierten, in Auflösung befindlichen Außenwelt widerspiegelten. In Munchs 1892 entstandenem Bild *Abend auf der Karl-Johann-Straße* steht »der Mensch in völliger Isolation, eine verdorrte, dunkle Hülle, die selbst

›Abend auf der Karl-Johann-Straße‹ von Edvard Munch

35

Szenario zum Film »Frankenstein« (1910)

Zwischentitel: »Frankenstein reist ins College ab.«

1 RAUM/INNEN.
Frankenstein verläßt das Zimmer.

Zwischentitel: »Zwei Jahre später. Frankenstein hat das Geheimnis des Lebens entdeckt.«

2 LABORATORIUM.
Frankenstein hat einen bedeutenden Einfall und experimentiert.

Zwischentitel: »Kurz vor dem Experiment.«

3 SCHLAFZIMMER/INNEN.
Frankenstein schreibt einen Brief. (Orangegelbe Einfärbung)

3a DER BRIEF:
»Liebling,
Heute nacht werde ich meinen kühnsten Plan verwirklichen. Ich habe das Geheimnis von Leben und Tod entdeckt. In wenigen Stunden werde ich den vollkommensten Menschen zum Leben erwecken, den die Welt je gesehen hat. Sobald ich dieses wunderbare Werk vollbracht habe, werde ich heimkehren und Dich zu meiner Braut machen.

Dein ergebener Frankenstein«

4 RAUM/INNEN.
Frankenstein verläßt mit einer Kerze das Zimmer. (Orangegelb)

Zwischentitel: »Statt des vollkommenen Menschen bringt das Böse in Frankensteins Seele ein Ungeheuer hervor.«

5 RAUM/INNEN. EIN BOTTICH.
Frankenstein gießt eine Flüssigkeit hinein. (Orangegelb)

6 BOTTICH.
Rauch quillt daraus hervor. (Orangegelb)

7 RAUM/INNEN. DER DECKEL DES BOTTICHS.
Frankenstein sieht hinein. (Orangegelb)

8 BOTTICH.

Das Ungeheuer nimmt langsam Gestalt an. (Orangegelb)
(Die Szenen 9 bis 17 alternieren zwischen Frankensteins
Blicken in den Bottich und dem langsam Gestalt annehmen-
den Ungeheuer. Orangegelb)

18 BOTTICH.

Das Ungeheuer hat Gestalt angenommen. (Orangegelb)

19 RAUM/INNEN.

Das Haupt des Ungeheuers hebt sich aus dem Bottich.

Zwischentitel: »Der Anblick seiner gottlosen Schöpfung entsetzt Frankenstein.«

20 RAUM/INNEN.

Frankenstein träumt vom Ungeheuer.

Zwischentitel: »Die Heimkehr.«

21 RAUM/INNEN.

Frankenstein kehrt zurück.

Zwischentitel: »Seinen Schöpfer verfolgend und eifersüchtig
dessen Liebe zu seiner Braut beobachtend, erblickt das Ungeheuer zum ersten Mal sein eigenes Antlitz.«

22 RAUM/INNEN.

Frankenstein sieht Ungeheuer. Ungeheuer sieht sein Spiegelbild im Glas, kämpft mit Frankenstein und reißt ihm die
Blume vom Wams, die ihm dessen Verlobte geschenkt hat.

Zwischentitel: »In der Hochzeitsnacht obsiegt Frankensteins
besseres Ich.«

23 RAUM/INNEN.

Seine Freunde gratulieren Frankenstein. (Orangegelb)

24 RAUM/INNEN.

Frankenstein verläßt mit einer Kerze den Raum. Ungeheuer
kommt herein. (Blau)

Zwischentitel: »Die Schöpfung seines gottlosen Geistes wird
von der Liebe überwältigt und verschwindet.«

25 RAUM/INNEN.

Ungeheuer sieht sein Spiegelbild und verschwindet. Frankensteins Seele findet endlich Frieden. (Orangegelb)

*Die deformierte Innenwelt nach außen gebracht – Conrad Veidt und Lil
Dagover in ›Das Kabinett des Dr. Caligari‹*

inmitten der Menge allein und einsam ist. Teilweise rührt
die sinistre, beunruhigende Wirkung des Bildes dabei von
den unheimlichen, traurigen, puppenähnlichen Figuren
her. Daneben geht der Effekt aber auf Munchs bevorzug-
tes Stilmittel zurück, die desorientierende Diagonale.
Derlei Diagonalen und strenge Vertikalen schmerzen den
Zuschauer förmlich, weil sich sein Auge normalerweise
horizontal bewegt«[4]; ein Effekt, wie ihn später auch Carl

Theodor Dreyer in seinem subtil verstörenden *Vampyr* verwenden sollte.

Vor allem im politisch instabilen Deutschland fand Munchs »Psychoakustik« großen Anklang. Für eine Aufführung von Henrik Ibsens *Gespenster* holte Max Reinhardt Munch dann 1906 als Bühnenbildner an seine Kammerspiele, die im darauffolgenden Jahrzehnt eine Schlüsselrolle innerhalb der immer weiter aufblühenden expressionistischen Bewegung einnehmen sollten. In seinem Bemühen, die Bedeutung der Szenerie zu betonen, experimentierte Reinhardt dabei nicht nur mit unnatürlichen Licht- und Schattenverteilungen, harten Kontrasten und kranken Farben, sondern paßte auch den Gestus seiner Darsteller, unter ihnen Conrad Veidt, Werner Krauß und Paul Wegener, der expressionistischen Idee an.

Der Sprung zum Film gelang diesem neuen Konzept freilich erst nach der Katastrophe des Ersten Weltkrieges. An der Oberfläche erzählt *Das Cabinet des Dr. Caligari,* das Schlüsselwerk des deutschen Expressionismus, dabei zunächst nichts weiter als die Geschichte des Studenten Francis, der den Somnambulen Cesare als Verantwortlichen für die geheimnisvolle Mordserie in dem kleinen Örtchen Holstenwall und den Schauspieler und Irrenarzt Caligari als dessen Auftraggeber entlarvt. Diese Geschichte kleidete der Film indes in derart verzerrte Bilder, daß man sie nur zu klar als Symbol für die deformierte Innenwelt einer am Rande des Wahnsinns befindlichen Staatsautorität verstehen mußte, die mit dem kleinen Bürger umspringen konnte, wie es ihr gefiel. Robert Wienes Film, in Wahrheit eher ein Konglomerat aus den Absichten der beiden Drehbuchautoren Hans Janowitz und Carl Mayer, den Änderungswünschen des Produzenten Erich Pommer, den Ideen seiner Architekten Hermann Warm, Walter Röhrig und Walter Reimann sowie den Einfällen des zunächst vorgesehenen Regisseurs Fritz Lang, lebt beinahe ausschließlich von diesen Bildern: der windschiefen, das

Friedrich Feher und Lil Dagover in ›Das Kabinett des Dr. Caligari‹

Grauen förmlich ausschwitzenden Architektur, den mit kabbalistischen Zeichen bemalten Wänden und Böden, den schrägen Pfaden und bizarr geformten, kahlen Bäumen, der immerfort sich öffnenden und wieder schließenden Iris, deren Schwarz die Protagonisten verschlingt und anschließend das Gesicht Caligaris enthüllt.

Über *Caligari* und seine formale, politische und psychologische Bedeutung ist inzwischen viel geschrieben worden – so viel, daß es heute reichlich sinnlos scheint, den zahlreichen Diskursen noch einen weiteren anhängen zu wollen. Nichtsdestotrotz ist die vielerorts geäußerte Behauptung, *Caligari* sei gleichsam das Vorbild aller Horrorfilme, zumindest in einer Hinsicht nicht ganz richtig. Wie schon im

Frankenstein von 1910 läuft auch bei Wiene die Landschaft der Dramaturgie im Grunde zuwider, allerdings in genau entgegengesetzter Hinsicht. Blieb der Raum dort stets stabil, erscheint er in *Caligari* stets aufgelöst, ein in jeder Hinsicht statischer Spiegel seiner kranken Bewohner, obwohl der Film in dieser Hinsicht letztlich inkonsequent bleibt – vor allem in seinen letzten Minuten, als sich die Handlung als Erzählung eines Wahnsinnigen erweist, die Bilder sich jedoch weigern, zur Ordnung der rechten Linie zurückzukehren.

Ungeachtet solcher Schwächen brauchte das Genre jedoch vielleicht auch ein derart radikales Werk. *Caligari* klärte das »Wie« ein für allemal; was nun noch zu tun blieb, war, die Radikalität etwas zurückzunehmen. Be-

Max Schreck und Gustav von Wangenheim in ›Nosferatu – Eine Symphonie des Grauens‹

reits zwei Jahre danach, im Jahre 1922, erlebte jener Film seine Premiere, der all die verschiedenen Mosaiksteinchen endgültig zusammenfügen sollte: Im Gegensatz zu Caligari und Cesare, die die Realität bereits vor Filmbeginn verändert haben, bricht der Vampir in Murnaus unautorisierter Stoker-Adaption *Nosferatu – Eine Symphonie des Grauens* aus dem transsylvanischen Land der Alpträume in eine scheinbar intakte Realität ein und paßt diese erst nach und nach der seinen an. Statt abrupter Irisblenden dominieren hier bereits weiche Überblendungen, die verschobene Studioarchitektur weicht Blicken auf ein aufgewühltes Meer und Negativaufnahmen der Wälder Transsylvaniens: poetische Bilder einer von der drohenden Ankunft des Tyrannen in Aufruhr versetzten Natur. Erstmals stimmten in Murnaus Film Dramaturgie und Raum präzise überein.

Damit taten sich für den Horrorfilm zwei ähnliche, einander häufig kreuzende, im Grunde aber doch verschiedene Wege auf. Einerseits konnte er nun versuchen, diesen Zirkel auf andere Ebenen auszudehnen, ihn psychologisch zu begründen und ein starres Regelwerk um ihn herum aufzubauen. Andererseits konnte er sich aber auch, um im Bild zu bleiben, der Konstruktion glatterer Kreise widmen, die von ihm beschriebene Auflösung des Raums dem filmischen Niveau der jeweiligen Ära anzupassen versuchen.

Arten der Auflösung: Schatten, Farben und Objekte

Je tiefer Deutschland in die Depression stürzte, um so stärker wichen die Regisseure von den eher abstrakten expressionistischen Dekors auf realere und zugleich weniger faßbare Chiffren der Auflösung aus: Schatten, Spiegel und dichter Rauch kennzeichneten die in den Jahren 1923/24 während des Höhepunkts der Depression entstandenen *Schatten* und *Das Wachsfigurenkabinett*.

Der Siegeszug des Schattens – ›Nosferatu – Eine Symphonie des Grauens‹

Es dauerte nicht lange, bis sich die neuen Schattenspiele des deutschen Stummfilms auch in Hollywood durchsetzten. Eine Schlüsselrolle kam hierbei vor allem den Emigranten zu, die seit 1920 in immer stärkerem Strom von Deutschland nach Amerika auswanderten. Unter diesen Flüchtlingen befand sich auch ein Mann, der mehrere wichtige expressionistische Filme, so etwa Paul Wegeners *Der Golem, wie er in die Welt kam,* photographiert hatte und einen enormen Einfluß auf den amerikanischen Horrorfilm der Dreißiger ausüben sollte: Karl Freund. Konnte der Erfinder der »entfesselten Kamera« in *Dracula* (Dracula) noch wenig gegen das unfilmische Konzept Tod Brownings ausrichten, gelang ihm schon ein Jahr darauf mit seinem ersten eigenen Regieprojekt einer der atmosphärisch dichtesten Filme dieser Zeit.

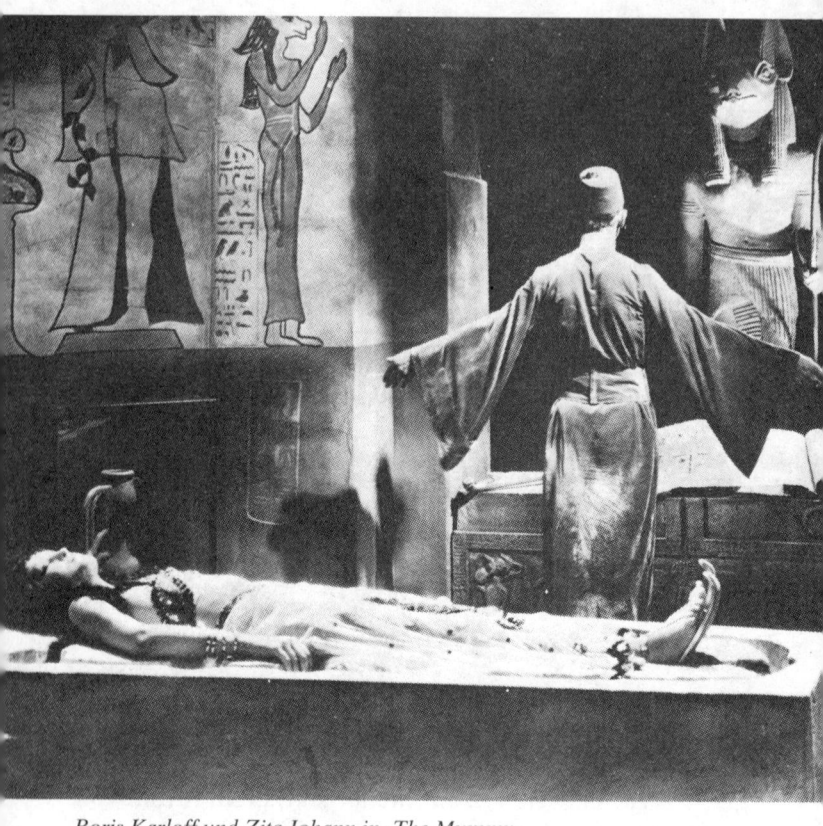

Boris Karloff und Zita Johann in ›The Mummy‹

Einmal mehr verändert sich in *The Mummy* (Die Mumie)
die Gegenwart unter dem Angriff der Vergangenheit.
Langsam, sehr langsam dringt die Hand des wiederbeleb-
ten Imhotep (Boris Karloff) ins Bild; unmerklich fluktu-
ieren die Schatten im Hintergrund, dehnen sich aus und
fallen wieder zusammen, als er mit einem magischen Teich
das Schicksal seiner reinkarnierten großen Liebe bestim-
men will. Da wirkt das schwache Licht der Taschenlampe,
mit dem ein Wächter das Schwarz des Museums erhellen

will, in seiner Hilflosigkeit schon beinahe pathetisch: Das Licht des Rationalismus hat gegen das Dunkel der Vergangenheit keine Chance, erst das Feuer aus dem Stab der Iris kann den Schatten vertreiben.

Mit seinem Ansatz, nicht so sehr den Schrecken als die bloße Tatsache der Auflösung zu thematisieren, war *The Mummy* freilich eher untypisch für eine Zeit, in der es den Regisseuren und Autoren weniger um die stilistische Verfeinerung als um eine psychologische Begründung ihrer Zirkel ging: Henry Frankenstein mochte mit seinem Versuch, Licht und Dunkelheit zu vereinen, die Welt so sehr aus den Angeln heben, daß der Film in der Schöpfungssze-

Die Zurückdrängung des Lichts durch ein Meer aus Schwarz – Fredric March in ›Dr. Jekyll and Mr. Hyde‹

ne die Horizontlinie verlor. Nichtsdestotrotz ging es James Whale in *Frankenstein* (Frankenstein) wohl eher um die erotischen Implikationen des Stoffes. So blieben auch Rouben Mamoulians *Dr. Jekyll and Mr. Hyde* (Dr. Jekyll und Mr. Hyde) mit seinem berühmtem 360-Grad-Schwenk aus der Innenwelt Henry Jekylls in die äußere Realität oder das bewußte Chiaroscuro eines *White Zombie*[5] im Grunde eher Ausnahmen.

Zu einer Rückkehr zu eher formal orientierten Filmen kam es erst, als sich die narrativen Alibis dank häufigen Gebrauchs erheblich abgenutzt hatten. Bei Val Lewton und Jacques Tourneur[6] ist der Schatten der eigentliche Star. So erzählt *Cat People*, der erste Film der Serie, zwar

Das Phantastische wirft seine Schatten voraus – Kent Smith, Jack Holt, Alan Napier und Jane Randolph in ›Cat People‹

Kent Smith und Simone Simon in ›Cat People‹

auch von der Bedrohung des amerikanischen Mannes durch die frigide Katzenfrau aus Osteuropa. In Wahrheit geht es in ihm freilich eher um die langsame Auflösung des Lichts in einem Meer aus irrealem Schwarz.

Cat People beginnt am hellichten Tag in einem Zoo. Das Bild ist ganz Licht, allein das Schwarz des Panthers und die Gitterstäbe werfen ihre Schatten voraus. Doch bald schon tauchen im Büro spinnennetzförmige Schatten an den Wänden auf; in der berühmten Sequenz im Swimmingpool ist das Licht bereits auf ein deutlich kleineres Rechteck reduziert, um dessen schwarzen Rand die Panther streichen. Am Höhepunkt ist die Wirklichkeit dann zu dem kleinen

Lichtfleck eines quadratischen Zeichentisches inmitten des alles überwältigenden Schwarz zusammengeschmolzen, in dem sich Kent Smith und Jane Randolph gegen den im Dunkel lauernden Schrecken verteidigen müssen. So wird auch unmittelbar deutlich, weshalb der schwarzgekleidete Psychiater die Katzenfrau Irena (»I like the darkness, it's friendly«) niemals retten können wird: Sein Sprechzimmer ist das dunkelste Schwarz von allen, nur seine mit einem Spotlicht beleuchtete Patientin ragt daraus hervor. (Eine Umkehr, die nicht nur auf die drohende Auflösung normaler Bezüge, sondern auch auf die moralische Ambivalenz von Irena verweist.)

Es ist ausgesprochen schade, daß die meisten der späteren Filme Val Lewtons nie in Deutschland gezeigt wurden und man daher auf Informationen aus zweiter Hand angewiesen ist. So scheint *The Seventh Victim*, ein Film über Teufelskulte und Entfremdung, in seiner Konsequenz *Cat People* noch zu übertreffen: »Der Film erzählt seine Geschichte in einem sehr getragenen Rhythmus, steckt voll gemessener Schritte und schwingender Pendel. Auch die Schatten besitzen offenbar ein Eigenleben. In einer Szene scheint es, als ob der geheimnisvolle Dr. Judd hinter einer Türe stünde. In Wahrheit ist es freilich nur der Schatten eines Hutes. Immer wieder tauchen Gesichter aus den Schatten auf: Als Kim Hunter in einer sehr wirkungsvollen Szene meint, sie werde verfolgt, gibt das Schwarz um sie herum bedrohliche Gesichter frei.«[7]

Mit dem Siegeszug des Farbfilms änderte sich freilich vieles; die langsame Auflösung des Raums mit Licht und Schatten darzustellen, war in dieser Reinheit nicht mehr möglich. Paul Schraders farbiges Remake von *Cat People*, das den harten Schwarzweißkontrast der beinahe einstellungsgetreu kopierten Swimmingpool-Sequenz gegen verschiedene Blauschattierungen austauschen muß, ist hier nur ein Beispiel unter vielen.

Im Farbfilm verengt sich der Raum so in aller Regel viel direkter. Wände und Türen rücken ins Bild, beschneiden den Kader physisch. In *The Texas Chainsaw Massacre* verstrickt sich Marilyn Burns auf ihrer Flucht in dornige Büsche, in *Halloween* (Halloween), der neben *The Exorcist* formal überzeugendsten Manipulationsmaschine, rettet sich Jamie Lee Curtis erst in ihr Haus, dann in das Wohnzimmer, schließlich in den Kleiderschrank. Heute ist dieses Prinzip, vor allem dank des modernen Splatterfilms, längst zu einem Klischee geworden: Gegen jede Logik fliehen die Helden in immer engere Räume und werden damit immer verwundbarer.

Geschicktere Regisseure nützen daher in diesem Zusammenhang die Kamera selbst: Viele Filme legen in ihrer

Der Raum verengt sich drohend – Marilyn Burns in ›The Texas Chainsaw Massacre‹

Einleitung eine unnatürliche Distanz zwischen sie und das betrachtete Objekt. In *Halloween* etwa zeigt John Carpenter eine ganz alltägliche Situation: Zwei Mädchen gehen von der Schule nach Hause. Statt der »angemessenen« Halbtotalen verwendet Carpenter dabei jedoch eine Totale aus der Perspektive eines langsam an den Mädchen vorbeifahrenden Wagens. Die an sich harmlose Szene erhält somit eine neue, eine sinistre Bedeutung: Jemand oder irgend etwas beobachtet, lauert auf eine Chance, die Distanz zu verringern: Die Leere um die Figuren herum wird zur Bedrohung. Erscheint der Protagonist nur noch als dünner Strich vor urwüchsigen Naturpanorama (*The Hitcher*/Hitcher – Der Highwaykiller) oder als kleiner Fleck auf einem nachtschwarzen, endlos sich ausdehnenden Parkplatz (*Return of the Living Dead*/Verdammt, die

Der leere Raum wird zur Bedrohung – Rutger Hauer und C. Thomas Howell in ›The Hitcher‹

Zombies kommen!), ist er schon so gut wie verloren. Oft lenkt die Kamera in solchen Szenen die Aufmerksamkeit noch zusätzlich auf sich, indem sie langsame Bewegungen um das betrachtete Objekt ausführt und damit den Eindruck einer »Beobachtung« zusätzlich verstärkt. Vor allem zu Beginn von *The Exorcist* sieht man Ellen Burstyn in zahlreichen dieser Sequenzen.

Sehr viel häufiger verengt sich der Raum jedoch, ersetzen Blicke von innen die Blicke von außen. Subjektive Aufnahmen aus dem Blickwinkel eines potentiellen Opfers heben jegliche Distanz auf; alles, was dem Helden zustößt, stößt direkt und unausweichlich auch dem Zuschauer zu. Dem Horrorfilm geht es indes nicht so sehr um die verstärkte Identifikation als um die Beschneidung des Sichtfeldes. Der Begriff »subjektive Kamera« ist dabei ja insofern trügerisch, als niemand tatsächlich so starr sehen würde, wie die Kamera es glauben machen will. So sieht man in diesen Szenen keineswegs genausoviel wie die betreffende Figur, sondern entschieden weniger; der kleine Bildausschnitt kann sich kaum gegen die erdrückende Übermacht der Außenwelt behaupten.

So wirksam diese aktive Raumauflösung in all ihren Formen aber auch sein mag, hat sie freilich doch einen fundamentalen Nachteil: Der erfahrene Zuschauer ist sich der Manipulation bewußt, weil sie letztlich immer auf sich selbst verweist. Auf der Suche nach einer Lösung dieses Problems fand vor allem der italienische Horrorfilm in den Sechzigern zu einem Stilprinzip, das man am ehesten noch mit dem Begriff »statische Destabilisierung« umschreiben kann: Der Raum bleibt in sich unverändert, wird jedoch mit Symbolen und Chiffren gefüllt, die gleichsam eine Brücke zwischen Wirklichkeit und der Sphäre des Anderen, jener großen Traumzone der Auflösung, darstellen. *La maschera del demonio* (Die Stunde, wenn Dracula kommt), einer der ersten Filme, die auf diesem poetischen Grat balancieren, spielt in einem Studio-Transsylvanien

Aufhebung aller Trennungen – Arturo Dominici in ›La maschera del demonio‹

voller Nebelschwaden, unheimlicher Wälder, einsamer Friedhöfe und pittoresker Gebäude. Der unmittelbare Effekt einer derart artifiziellen Welt ist natürlich, daß der Einbruch der Formlosigkeit längst nicht so sehr auf sich selbst verweist; das Phantastische und das Reale liegen so dicht beieinander, daß sie kaum noch voneinander zu trennen sind: Nicht nur der Held, sogar der Zuschauer hat Schwierigkeiten, die böse Hexe Asa von der guten Fürstentochter Katia zu unterscheiden. »Anders als viele stellt Bava nicht ein außergewöhnliches Lebewesen oder Ding in den Mittelpunkt einer ansonsten realen und natürlichen Umgebung, sondern er führt seine Hauptpersonen aus ihrem normalen Leben hinaus, vom geraden Weg in einen ›dunklen Wald‹. Grundlegend ist dabei, daß diese Welt, in die Bava seine Figuren stellt – ein Artefakt aus sich widersprechenden Einflüssen, aus wechselnden Kontrasten, Farben und Tönen –, sich dauernd verändert. Sie bewegt sich vom Realen ins Irreale und zurück, vom Leben zum Tod und vom Tod zum Leben durch eine Landschaft phantasmagorischer Bilder und Töne. Sowohl auf symbolischer wie sinnlich wahrnehmbarer Ebene sind Bavas Charaktere in die instabile Mitte zwischen diesen beiden Extremen gestoßen. Sie bewegen sich durch verschwommene, reich ausgestattete aber dennoch unwirkliche, illusionäre Räume. Dieser gespenstische Gang, der die natürliche mit der übernatürlichen Sphäre verbindet, ist selbst eine Welt des Halbdunkels, in der Schatten und Halluzinationen genauso wirklich sind wie ›reale‹ Personen und, besonders wichtig, aus der kein Weg sicher herausführt.«[8]

Mußte der schwarzweiße *La maschera del demonio* bei der Darstellung dieser Instabilität letztlich teilweise doch auf wechselnde Seitenbeleuchtung und ähnliche, auf sich selbst verweisende Effekte zurückgreifen, taumelten Roger Cormans Helden im selben Jahr bereits durch eine Landschaft aus unseligen Farben, deren Präsenz allein schon alles über den Zustand ihrer Welt verriet. Kränkliches Grün dominiert den Traum von Ray Milland, in dem seine Angst vor einem *Premature Burial* plötzlich wirklich wird; der rote Tod wanderte durch farblos graue Landschaften auf ein Schloß zu, in dem es ganz in Gelb, Violett, Weiß oder Schwarz ausgestattete Räume gab; zerrissen zwischen dem reinen Blau ihres Verlobten Mark Damon und dem dekadenten Samtrot ihres Bruders Vincent Price blieb Myrna Fahey in *House of Usher* nur ein kränklich blasses Violett, an dem sie denn auch schließlich starb.

Der Flirt mit dem statischen, völlig artifiziellen Kino der Zustände war indes zumindest in Amerika nicht von langer Dauer. Als Roger Corman mit *Tomb of Lygeia* (Das

Artefakten aus Nebel und Farbe – Vincent Price (M.) in ›The Haunted Palace‹

Grab der Ligeia) aus den hermetischen Farbartefakten in die reale Außenwelt vordrang, verflog die Magie, und obwohl der amerikanische Horrorfilm gelegentlich auch heute noch knallige Farbflächen als Symbol teilweise aufgelöster Räume (*Vamp*/Vamp, *Motel Hell*/Hotel zur Hölle) verwendet, blieb es doch dem italienischen Film vorbehalten, den Cormanschen Stil weiter zu verfeinern. In den späteren Filmen Mario Bavas erhalten nicht nur Farben, sondern auch an sich harmlose Gegenstände eine neue, eine bedrohliche Bedeutung. Der springende Ball in *Ope-*

razione paura (Die toten Augen des Dr. Dracula), das Telefon und der tropfende Wasserhahn in *I tre volti della paura* (Die drei Gesichter der Furcht), sie alle beunruhigen, weil ihnen die Kamera viel mehr Aufmerksamkeit schenkt, als sie es eigentlich verdient hätten. Ihren Abschluß und vorläufigen Höhepunkt sollte diese Verwischung der Trennlinien jedoch erst in den Traumgespinsten seines Schülers finden: Dario Argento.

Die Macht der Dinge: Dario Argentos »Inferno«

»Ich weiß nicht, welchen Preis ich dafür bezahlen muß, daß ich das breche, was wir Alchimisten *silenzium* nennen. Die Lebenserfahrungen unserer Kollegen sollten uns Warnung sein, Unwissende nicht dadurch zu verwirren, daß wir ihnen unser Wissen aufbürden. Mein Name ist Varelli.

Dario Argento

55

Ich bin Architekt und lebe in London. Ich bin den ›Drei Müttern‹ begegnet und habe für sie drei Häuser entworfen und gebaut, eins in Rom, eins in New York und das dritte in Freiburg in Deutschland. Erst als es zu spät war, entdeckte ich, daß von diesen Stätten aus die Drei Mütter die Welt mit Schrecken, Tränen und Grausamkeit regieren. Mater Suspiriorum, die Mutter der Seufzer, die älteste der drei, wohnt in Freiburg. Mater Lacrimarum, die Mutter der Tränen und die schönste der Schwestern, regiert in Rom. Mater Tenebrarum, die Mutter der Finsternis, die jüngste und grausamste der drei, hat ihren Sitz in New York. Und ich baute ihre grauenhaften Häuser, die Hochburgen all ihrer furchtbaren Geheimnisse. Diese sogenannten Mütter sind nur böse Stiefmütter, unfähig, Leben zu erschaffen, die selbst erzeugt wurden im Inferno ...«

Mit diesen, von Keith Emersons barocken Synthesizerklängen wirksam untermalten Worten beginnt *Inferno* (Horror Infernal), der bislang reifste Film des Italieners Dario Argento. Es ist die Geschichte von sieben Menschen, die das Geheimnis der Drei Mütter entdecken und dafür bezahlen müssen: Rose Elliot (Irene Miracle), von Varellis Buch auf die Spur gebracht, stirbt unter einer Guillotine. Sara (Eleonora Giorgi), die zufällig Roses Brief an ihren Bruder Mark in die Hände bekommt, wird brutal erstochen. Roses drogenabhängige Nachbarin Elise (Daria Nicolodi) stirbt in einem Meer von Katzen. Kazanian (Sacha Pitoeff), der Antiquitätenhändler, der Rose das Buch verkauft hat, ertrinkt während einer Mondfinsternis unter einer Flut von Ratten. Elises Diener (Leopoldo Mastelloni) werden die Augen aus den Höhlen gerissen, über Varellis Pflegerin (Veronica Lazar) senkt sich ein riesiger brennender Vorhang nieder. Erst Mark Elliot (Leigh McCloskey) gelingt es schließlich, hinter das Geheimnis zu kommen: Nach der Begegnung mit Mater Tenebrarum wankt er aus dem lichterloh brennenden Gebäude, hilflos, geschlagen, dem Tode geweiht.

Barocke Welten jenseits aller Logik – ›Inferno‹

Die konservative Kritik hat *Inferno* als prätentiösen Unfug bezeichnet, und das ist der Film vom rein dramaturgischen Standpunkt wohl auch. Möglichkeiten, sich mit den Figuren zu identifizieren, gibt es nicht, der Plot dient lediglich als roter Faden für die sieben *set pieces*, die (wenn auch nicht deckungsgleich: Rose erhält zwei, Elises Diener und Varellis Pflegerin zusammen nur eine) mit den sieben

Eleonora Giorgi in ›Inferno‹

Schicksalen korrespondieren. Zugunsten dieser Symmetrie zweigt Argento aus heiterem Himmel in obskure Nebenhandlungen ab, ohne sich auch nur im geringsten um Motivation und Logik zu kümmern. So ist es nur zu verständlich, daß der Film denjenigen, die nur das reine Erzählkino akzeptieren wollen[9], wie ein Schlag ins Gesicht vorkommen muß.

Genau diese Grundlosigkeit des Geschehens ist freilich das Thema von *Inferno*. Systematisch beraubt Argento den Horrorfilm hier seiner narrativen Alibis, auf die nicht einmal *The Texas Chainsaw Massacre* verzichten konnte: Die Auflösung der Realität vollzieht sich, und man weiß nicht, weshalb. Alles bleibt diffus, die Verfolger haben kein Gesicht, tauchen nur als Schatten oder schwarzer Handschuh auf.

Schon die ersten Szenen von *Inferno* machen unmißverständlich klar, daß das Geschehen nur scheinbar in der realen Welt spielt. Drei Gegenstände tauchen in Nahaufnahme auf. Ein Messer. Ein Schlüssel. Ein Buch. Erst dann fährt die Kamera zurück, und die Benutzerin der Objekte, Rose, rückt ins Bild. Unterschwellig sagt die Reihenfolge schon einiges aus: Die Dinge waren vor dem Menschen da; sie sind sich selbst genug, besitzen vielleicht sogar ein Eigenleben. Tatsächlich werden in allen sieben *set pieces* harmlose Gegenstände Macht über ihren Benutzer gewinnen und sich gegen ihn wenden: Ein gläserner Türknopf zerbricht und schneidet Rose in die Hand, Schlösser versperren sich selbständig. Das Böse ist mit den Dingen liiert, zwischen beiden existiert eine natürliche Affinität, die um so tödlicher wird, je näher die Dinge dem Menschen stehen: Als eine schwarze Hand einen Scheren-

Selbst schon halb im Bann der Dinge – Sacha Pitoeff in ›Inferno‹

schnitt aus kleinen Figürchen auseinanderfaltet und einer dieser Schattenmenschen den Kopf abschneidet, sieht man im nächsten Bild eine Frau an einem Galgenstrick zappeln. Und eine Eidechse, die das Geschehen mit starrem Blick betrachtet.

Die Welt von Rose, der Benutzerin der Dinge, kann daher nur eine instabile sein, eine kleine Oase bestenfalls. Als Argento von den Nah- und Großaufnahmen in Roses Wohnung auf eine Totale des ganzen Hauses schneidet, ändern sich die Farben radikal. Dominierten bislang noch gelbe und grüne Flächen, strahlt die Leinwand nun in satten Blau- und Rottönen.

Zu dieser ungleich stärker aufgelösten Außenwelt hat Rose keinerlei Bezug, noch nicht. Als sie zum Briefkasten geht, um einen Brief an ihren Bruder Mark abzusenden, blickt sie nach innen, geistesabwesend, beinahe wie ein Schlafwandler. Leere und Farbe umgeben sie, drohen sie zu verschlingen. Letztlich wird sie sich dieser Auflösung anpassen müssen, um nicht unterzugehen.

Eine Gelegenheit dazu bietet sich, als sie auf dem Rückweg vom Briefkasten eine Zone beinahe totaler Auflösung entdeckt: einen kleinen Hof, an dem die horizontalen roten und blauen Linien der anliegenden Häuser plötzlich enden. Noch fehlt ihr freilich die Courage, die dort gelegene Kellertür zu öffnen. Statt dessen sucht sie Kontakt mit jenem Mann, der ihr Varellis Buch verkauft und damit die Vergangenheit bewußt gemacht hat: dem Antiquitätenhändler Kazanian.

Doch die Auflösung kann nicht beschrieben, nur erfahren werden. Kazanian, selbst schon halb im Bann der Dinge, wie ein Kameraschwenk durch seinen Laden beweist, kann Rose nicht helfen. Starr steht er ihr gegenüber, immer wieder weist die Kamera auf die Kluft zwischen ihnen hin.

Rose folgt dem unausgesprochenen Befehl, betritt erneut den Hof mit der Kellertür. Ihr Weg führt sie über eine dia-

Auf dem Weg in die Zone der Auflösung, nach unten – Irene Miracle in ›Inferno‹

gonale Treppe hinab ins Dunkel, tiefer und immer tiefer, bis sie, einem Rinnsal durch Zonen strahlenden Blaus folgend, an einem Loch im Kellerboden angekommen ist: Unter ihren Füßen befindet sich ein riesiger, ganz mit Wasser gefüllter Raum.

So dicht an der Zone gewinnen die Objekte freilich ungewohntes Eigenleben. Ihre Brosche fällt wie von selbst hinab, taumelt im Wasser nach unten. Wieder scheitert der Versuch, sich der Auflösung nur teilweise hinzugeben. Als sie verlangend nach der Brosche greift, kann sie sie nicht erreichen. Resignierend zieht sie sich aus, springt in das kleine Loch und taucht: immer tiefer, nach unten, in die

Anpassung bedeutet Tod – Sacha Pitoeff in ›Inferno‹

Vergangenheit, zu den Dingen. Mehr und mehr fremdartige Objekte erscheinen vor ihren Augen. Ein Kronleuchter. Ein weißer Tisch mit Pokalen und einem herzförmigen Kissen. Gotische Formen. Ein Sessel, auf dessen Lehnen je ein fliegendes Pferd ruht. Ein verwittertes Bild mit dem Schriftzug »Mater Tenebrarum«: Rose ist am Ziel ihrer Suche angekommen; sie schwebt im Schoße der Drei Mütter.

Doch direkt mit ihnen konfrontiert, will und kann sie die Regeln dieser Zone nicht akzeptieren. Sie greift nach der Brosche, will ihren vermeintlichen Besitz, der ihr gar nicht mehr gehört, zurückfordern. Die Bestrafung dieses Frevels folgt auf dem Fuße: Eine Tür geht auf, und plötzlich treibt direkt vor Rose eine Leiche vorbei. Mehr und mehr zerlumpte und verfallene Gestalten erscheinen, schweben der Flüchtenden nach, tanzen einen Reigen um sie. In einem surrealen Augenblick erscheint schließlich ein Skelett in der Türe und starrt sie an. Rose starrt zurück. Sie hat gefunden, wonach sie suchte: Sie nimmt die Umwelt wahr, sieht die Zone mit all ihren Konsequenzen. Daß die Anpassung an sie zugleich auch ihren Tod bedeutet, konnte sie nicht ahnen.

III. Verdrängung

In den letzten Minuten von *The Omen* (Das Omen) wandern Gregory Peck und David Warner durch ein kleines israelisches Dorf und streiten sich. Peck, der amerikanische Botschafter am Hofe von St. James, hat gerade von Leo McKern erfahren, wie er seinen Adoptivsohn Damien umbringen muß, damit das Grauen endlich aufhört: Er solle seinen Sproß auf einen Altar legen und mit den sieben Dolchen von Meggido rituell erstechen.

Peck ist darob begreiflicherweise etwas verstört. Allerlei Ungewöhnliches ist in letzter Zeit geschehen, doch das ist ihm dann doch zu viel: Er wirft die heiligen Dolche in hohem Bogen weg.

Sein Partner David Warner, ein zufällig in die Sache verwickelter, kleiner Photograph, hat da wesentlich weniger Hemmungen; immerhin zeigen seine Selbstporträts seit neuestem einen deutlichen Strich durch seinen Hals. Also macht er sich auf die Suche nach den Dolchen, findet sie schließlich hinter einem kleinen Brunnen und fummelt, noch immer am Boden kauernd, an ihnen herum.

Man ahnt bereits, daß gleich etwas Furchtbares passieren wird, und *The Omen* liefert prompt. In einem kurzen Insert taucht ein Pritschenwagen auf, die Bremse löst sich wie von selbst, rückwärts rollt der Wagen auf David Warner zu. Weil es nun aber nicht besonders spektakulär wäre, wenn er ihn einfach überrollen würde, passiert statt dessen folgendes: Der Wagen knallt gegen den kleinen Betonbrunnen, eine Glasplatte, die der Zufall auf der Ladefläche abgelegt hat, schießt nach vorne, direkt auf Warner zu, der in diesem Moment dummerweise gerade aufsieht. Dann erlebt man in glorreicher Extremzeitlupe, wie die Glasplatte Warners Hals wie Butter durchtrennt, sein Körper zusammenbricht und sein Kopf auf der fliegenden Glasplatte langsam nach vorne kullert.

David Warners Tod ist die Schlüsselszene von *The Omen*. Was danach noch zwischen Peck und Damien passiert, ist im Grunde uninteressant, ein regelrechter Anti-Höhepunkt. Wegen der Szene mit der Glasplatte haben die amerikanischen Zuschauer der 20th Century-Fox und den Kinobesitzern jeweils 29 Millionen Dollar bezahlt: Nicht Peck und auch nicht Warner sind die eigentlichen Stars von *The Omen:* die Glasplatte ist es. Und natürlich derje-

Gregory Peck und Leo McKern in ›The Omen‹

nige, der sie aus der Ferne steuert – Damien, der Anti-christ.

Daß der überwiegende Teil aller Horrorfilme ein solches narratives Alibi in die Handlung einführt, hat einen recht einfachen Grund. Von einem rein dramaturgischen Stand-punkt ist ein Kinderteufel, der seine Widersacher mit Glasplatten köpft, mindestens so unglaubwürdig wie eine Heldin, die nachts in einen barocken Kellerraum hinab-taucht und dort auf einige Skelette stößt. Psychologisch

Eigentlicher Höhepunkt – David Warner in ›The Omen‹

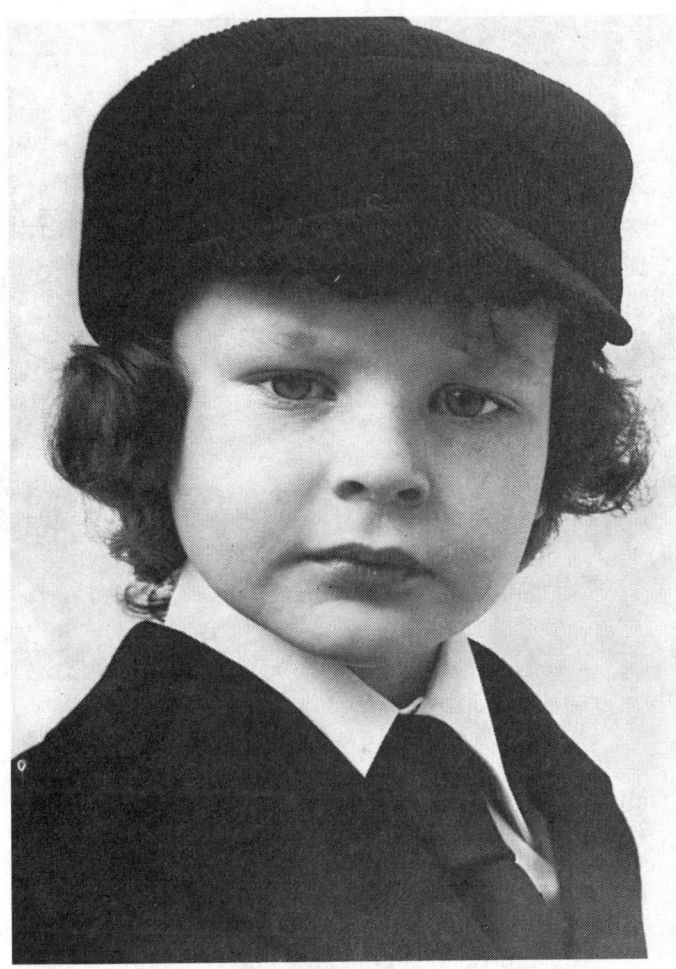

Die wirksamere Katharsis – Harvey Stephens in ›The Omen‹

gesehen, bietet die Einführung eines auflösenden Objekts jedoch die wirksamere Katharsis. Der Mensch braucht einen Sündenbock: *The Omen* begründet die plötzliche Feindseligkeit der Dinge ganz konkret in der Person des

Doppelgänger, beide unvollständig – Margot Kidder in ›Sisters‹

Damien. *Inferno* dagegen bietet nur eine vage Legende von drei geheimnisvollen Müttern.

Diese Verlagerung vom Passiven zum Aktiven kann nicht ohne Folgen bleiben: Nichts kann eine derartige Wirkung besitzen, wenn es selbst völlig heil wäre. Zum Menschsein fehlt diesen auflösenden Objekten und Geschöpfen daher stets das Wichtigste – sie sind unvollständig, Halbwesen ohne Seele: Tote, deren Körper von satanischen Mächten beherrscht und gelenkt werden, das reine Id, dem das Über-Ich und damit die Kontrolle über seine Triebe fehlt. Weil Horrorfilme nun aber vom Konflikt leben, jenem dramaturgischen Dreh- und Angelpunkt des Kinos, braucht jedes dieser Halbwesen einen positiven Doppelgänger, der in sich vereint, was dem anderen fehlt: Seele, Ratio, Unschuld vielleicht auch. Zu jedem Dracula gibt es einen Van Helsing, zu jedem Michael Myers eine Jamie Lee Curtis. Der Horrorfilm ist eine rigorose moralische Anstalt.

Aber eine moralische Anstalt für wen?

Setzt man sich Samstagabend in ein Kino, in dem gerade der neueste Horrorfilm läuft, sind die Gesichter um einen herum stets dieselben. Je nach FSK-Freigabe und Großzügigkeit der Kartenverkäuferin liegt das Durchschnittsalter des Publikums dabei zwischen zwölf und achtzehn Jahren.

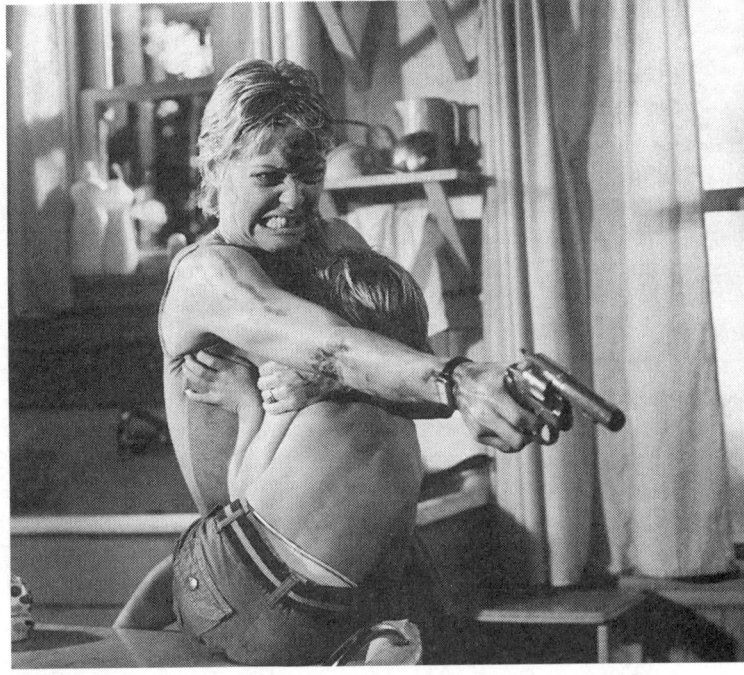

Die Bedrohung der Familie und deren Abwehr – Dee Wallace und Danny Pintauro in ›Cujo‹

Ein Sechsjähriger interessiert sich für solche Filme genausowenig wie der normale Fünfundzwanzigjährige. Offensichtlich halten Horrorfilme also just für jene Altersgruppe einen Ratschlag bereit, eine Botschaft, eine Lektion.

Glaubt man den Theorien Freuds, ist unser aller Leben von ständiger Verdrängung beherrscht. Sowohl die menschliche Zivilisation als auch die verschiedenen ideologischen Systeme, die sie hervorgebracht hat, basieren auf der Kontrolle unserer Triebe; fällt diese Kontrolle einmal aus oder hat sie der Betreffende nicht genügend verinnerlicht, ist er entweder »krank«, »neurotisch«, ein Revolutionär oder alles zusammen. Zugleich lehrt die Psychoanalyse aber auch, daß das so Verdrängte stets nach Rückkehr streben muß. Genau davon erzählt jedoch der Horrorfilm: von der Wiederkehr des Verdrängten in der konkreten Form des Halbwesens und seiner erneuten Verdrängung oder letztendlichen Assimilation durch die Gesellschaft – eine Gesellschaft, die im Genre stets durch ihr symbolisches Herzstück verkörpert wird: die Familie. Anders ausgedrückt, zeigen Horrorfilme sehr präzise, was eine Familie zerstören kann.

Sinnbildlich demonstriert das Genre der gerade in der Pubertät befindlichen Jugend so, was zum Beispiel geschehen kann, wenn man immer noch allein im Dunkeln masturbiert: In einem solchen Fall, sagt die landläufige Meinung, wachsen Haarbüschel auf der Handfläche, Akne überwuchert das Gesicht bis zur Unkenntlichkeit und das Rückgrat weicht auf, bis man nicht mehr aufrecht stehen kann. Kurz gesagt, man sieht sehr bald wie ein Werwolf aus. Auch Lucy Westenras Dracula ist im Grunde nur eine deutlichere Variante von Rotkäppchens bösem Wolf: Weich' vom Wege ab und laß' dich mit dem falschen Mann ein, warnen beide Geschichten, und ich zeige dir, wie schlecht das ist, auch wenn der andere noch so faszinierend sein mag.

Befreit man den Horrorfilm von seinem phantastischen

Horrorfilme sind deutlichere Märchen – Sarah Patterson und Micha Bergese in ›The Company of Wolves‹

Beiwerk, stößt man früher oder später immer auf den moralischen Zeigefinger hinter dem Geschehen. Ein besonders dankbares Untersuchungsobjekt in diesem Zusammenhang bieten natürlich jene Filme, in denen Regisseur und Autor von vornherein auf die Sicherheit des Phantastischen größtenteils verzichten.

The Most Dangerous Game (Graf Zaroff – Genie des Bösen) etwa ist auch heute noch einer der deutlichsten Filme, die das Genre je hervorgebracht hat. Schon das erste Bild macht unmißverständlich und ohne sonderliche Verschlüsselung klar, worum es in ihm gehen wird: ein Türklopfer von sehr ungewöhnlicher Form rückt ins Bild, ein

71

Vor der Wahl – Joel McCrea in ›The Most Dangerous Game‹

Türklopfer in Form eines, von einem Pfeil durchbohrten Zentauren, der eine nackte Frau auf seinen Armen trägt. »Nur wenn man Tod bringen kann, hat man auch Ekstase«, wird die Verkörperung dieses Sinnbildes später sagen. Der Held von *The Most Dangerous Game* ist der Großwildjäger Robert Rainsford (Joel McCrea). »Er ist noch etwas jung, aber …«, wird er zu Anfang eingeführt und schon im selben Moment weiß man, daß dieser unterbrochene Satz sinngemäß nur mit einem » … aber sein sexuelles Potential ist bereits voll entwickelt« weitergehen kann. Dennoch ist Rainsford keineswegs stolz auf seine Erfolge.

Irgendein Drang treibt ihn zur Jagd, den er sich selber jedoch nur schwer erklären, geschweige denn vor den anderen rechtfertigen kann. Der Tiger will es so, er könnte ja flüchten, murmelt er verteidigend. Wenig später wird er sehr drastisch erfahren, was aus ihm werden wird, wenn er diesem Drang weiterhin so einfach nachgibt.

Nach einem Schiffbruch allein auf eine einsame Insel gespült, findet sich Rainsford in der Festung eines gewissen Grafen Zaroff (Leslie Banks) wieder. Der Graf lebt aus, was Rainsford vorläufig noch verdrängt, darauf deutet bereits die Umgebung hin: »Der wuchernde, schlingende, von erektilen Gebilden durchsetzte, wie eine einzige (Licht-)Falle magisch lockende Studio-Dschungel …

Im Dom der Erotomanie – ›The Most Dangerous Game‹

nimmt sich wie eine gigantische Materialisation des Unbe-
wußten aus; ein Dom der Erotomanie«.[10]

»Normale« Beziehungen befriedigen Zaroff nicht mehr:
»Ein Mann jagt immer erst das Tier, dann die Frau, doch
dann bleibt nichts.« So jagt und tötet er nun Menschen
zum Spaß und steckt sich nach dem vollzogenen Ersatzakt
sogar eine Papyrossi an, er streichelt masochistisch eine
Narbe, die ihm ein früheres Opfer beigefügt hat, und
scheinbar stimmen auch seine sexuellen Präferenzen nicht

Der andere – Leslie Banks in ›The Most Dangerous Game‹

Die Alternative – Fay Wray und Joel McCrea in ›The Most Dangerous Game‹

so ganz. Immer wieder biedert er sich bei dem jungen Großwildjäger an, in dem er völlig zu Recht ähnliche Neigungen vermutet (»Niemand muß in meinem Haus sagen, wer er ist«), fährt lüstern an den Hauern eines Tierschädels auf und ab: Zaroff will die Ekstase der Liebe mit Rainsford erleben; zunächst noch, indem er mit ihm gemeinsam auf die Jagd geht; später dann, als Rainsford vor dem in Aussicht gestellten flotten Dreier zurückschreckt, wird Zaroff eben ihn jagen. Auch seine Bluthunde sind dem Grafen lieb und teuer (obwohl der Film im Vergleich zur Vorlage die sodomitischen Neigungen Zaroffs etwas herunterspielt). Obendrein ist er auch noch Russe.

Und trotzdem ist dieses Sammelsurium von Trieben und Ideologien, die ein guter Amerikaner besser verdrängen sollte, nicht ohne Anziehungskraft. Zaroff spielt perfekt Klavier und ist ein vollendeter, charmanter Gastgeber, darin liegt seine Gefahr. Ein anderer Schiffbrüchiger (Robert Armstrong), betrunken und geschwätzig, eine Karikatur der Schwäche, erliegt prompt seinem Reiz und stirbt. Rainsford dagegen hat Glück; für ihn ist eine sichere Alternative zur Hand: die Familie. Eve (Fay Wray), die Schwester des ermordeten Schiffbrüchigen, bietet sich an.

Doch die bloße Entscheidung genügt nicht: Zweimal scheitern die Fallen, mit den Rainsford dem hinter ihm herjagenden Zaroff entkommen will. Er muß den anderen und alles, für das er steht, zerstören: erst symbolisch, indem er mit einem seiner Hunde in den Abgrund springt, dann direkt, indem er Zaroff beim Duell Mann gegen Mann bezwingt. Während der Graf seinen eigenen Neigungen zum Opfer fällt und von Bluthunden zerfleischt wird, fahren Eve und Robert in dessen Boot dem Horizont entgegen. Der Großwildjäger hat seine Lektion gelernt, er wird nie wieder jagen. Die Familie in spe hat sich dem anderen gestellt und ihn bezwungen. Das System ist wieder mal gerettet.

Zählt man einmal die in unserer Kultur unterdrückten Klassen und Normen auf, stimmt die Liste in der Tat erstaunlich genau mit jenen Halbwesen überein, die im Genre stets die herrschende Ordnung aufzulösen drohen. Der Frau *(Cat People*/Katzenmenschen) begegnet man dabei ebenso wie dem sexuell frühreifen Kind *(Der Exorcist*/Der Exorzist), anderen Ideologien *(The Most Dangerous Game),* anderen Kulturen *(I Walked with a Zombie*/Ich folgte einem Zombie) oder der Bisexualität *(The Rocky Horror Picture Show).* Wäre diese Theorie jedoch der Weisheit letzter Schluß, stünden dem Genre freilich ungezählte Alternativen offen, sowohl was die Bedeutung als auch was die Gestalt des anderen angeht. Tatsächlich wi-

derlegt die Geschichte des Horrorfilms diese Schlußfolgerung indes recht häufig.

Jaws (Der weiße Hai) zum Beispiel war, wie John Badham
schon im Vorwort richtig bemerkte, ein technisch exzel-
lent gemachter und überaus erfolgreicher Film. Seine
Handlung aus einem Freud'schen Blickwinkel zu interpre-
tieren, fällt dabei nicht besonders schwer. Der andere, das
ist in diesem Fall der weiße Hai: monströs und phallisch.
Heraufbeschworen wird er, so suggeriert die Einleitung,
von einer Gruppe Jugendlicher, die die Gesetze ein wenig
übertreten haben. Man feiert laut und ausgelassen am
Strand, verschandelt die Natur mit weggeworfenen Bier-

*Die Bedrohung des Systems – Simone Simon und Kent Smith in ›Cat
People‹*

dosen, ein Mädchen badet nackt, schon greift der Hai sie an. Zwei Filmstunden später jagt das System, verkörpert durch Polizeichef Roy Scheider, dann seinerseits den Hai mit einer Sauerstoffflasche in die Luft.

Natürlich funktioniert *Jaws* ein gutes Stück komplexer, als es diese vereinfachende Zusammenfassung andeutet. Spekulationen auf Kastrationsängste (das langsam zu Boden sinkende Bein) und Bemerkungen über die Korruptheit des Systems (verkörpert in der Person des Bürgermeisters Murray Hamilton) finden sich in ihm ebenso wie die ökologischen Bedenken der Siebziger (wann rächt sich die Natur für ihre Vergewaltigung?), die deutlichen Verweise auf

Susan Backline in ›Jaws‹

»Moby Dick« tragen ebenso zur Wirkung des Films bei wie die Spaltung des Helden in die drei Einheiten Ich (Roy Scheider), Über-Ich (Richard Dreyfuss) und Unterbewußtsein (Robert Shaw). Diesen Details zum Trotz hält sich *Jaws* jedoch zumindest in seiner Grundstruktur so präzise an das freudianische Schema, daß aus ihm ein Archetyp des Horrorfilms hätte werden *müssen*.

Tatsache ist jedoch, daß *Jaws* seinem Verleih zwar alleine in Amerika 130 Millionen Dollar einbrachte, in der Folge jedoch keinen neuen Monstertyp begründete. Es gab natürlich die obligaten Fortsetzungen wie *Jaws 2* (Der weiße Hai 2) und *Jaws 3* (Der weiße Hai 3), es gab auch eine Reihe von Remakes und Rip-Offs wie *Grizzly* (Grizzly), *Orca* (Orca – Der Killerwal) oder *L'ultimo squalo* (The Last Jaws – Der weiße Killer). Dennoch war Spielbergs Film im Mythenpool des Horrorgenres wenig mehr als eine inzwischen längst schon wieder abgeebbte Welle: Während *Dracula* wieder und wieder verfilmt wird, blieb *Jaws* ein Einzelstück, und wenn Universal heute *Jaws 87* ankündigt, dann sagt das eher etwas über die Bilanzen des Studios als über die Wirkung des Originals auf das Genre aus.

Dem *Jaws*-Phänomen begegnet man im Lauf der Horrorfilmgeschichte immer wieder. Wo sich in den Vierzigern die Mumien auf der Leinwand tummelten, waren es in den Siebzigern reitende Leichen und besessene Kinder, und Anfang der Achtziger die Zombies. Gemein ist all diesen, für kurze Zeit populären und danach schnell wieder in der Versenkung verschwundenen Halbwesen vor allem eines: Sie sind synthetische Geschöpfe, eigens für das Kino geschaffen. Bram Stokers »The Jewel of the Stars« und die karibischen Voodoo-Praktiken sind dabei im Prinzip kein Gegenbeweis; man kann wohl guten Gewissens davon ausgehen, daß es *den* Zombie-Film und *den* Mumien-Film ohne George A. Romeros *Night of the Living Dead* (Die Nacht der lebenden Toten) und Karl Freunds *The Mummy* nie gegeben hätte.

Im Gegensatz dazu sind die Geschichten über Dracula, Dr. Jekyll und Mr. Hyde und Frankenstein sehr viel dauerhafter. Sie beschränken sich bei ihren Auftritten nicht auf eine spezifische Ära, sondern tauchen im Laufe der Film-

geschichte immer wieder auf: Bela Lugosi mutiert zu
Frank Langella, Boris Karloff zu Rutger Hauer, Lon Chaney verwandelt sich in das *Phantom of the Paradise* (Phantom im Paradies), Dr. Jekyll in den kaum kaschierten
Timothy Leary-Verschnitt aus Ken Russells *Altered States*
(Der Höllentrip).
Um diese Unterschiede in der Beliebtheit zu erklären, un-
terteilt der Filmkritiker Robin Wood in seinem lesenswerten Essay »An Introduction of the American Horror Film«
daher die verdrängten Triebe noch einmal: »Grundsätzli-
che Triebverdrängung *(basic repression)* ist von universel-
ler, unumgänglicher Notwendigkeit. Sie erst macht unsere
Entwicklung von einem unkoordinierten, zu wenig mehr

Synthetische Mythen – ›El ataque de los muertos sin ojos‹

Dauerhafter Archetyp – Boris Karloff in ›Frankenstein‹

als Schreikämpfen befähigten Tier zu einem menschlichen
Wesen überhaupt möglich; sie steht hinter unserer Fähigkeit, die Befriedigung unserer Bedürfnisse auf einen
späteren Zeitpunkt verschieben zu können, hinter der
Entwicklung von Denk- und Erinnerungsprozessen, unse-

rer Fähigkeit zur Selbstbeherrschung sowie der Anerkennung und der Rücksichtnahme auf andere Menschen. Dagegen ist die sogenannte Restverdrängung *(surplus repression)* sehr kulturspezifisch. Damit wird der Prozeß umschrieben, durch den ein Mensch seit seiner frühesten Jugend darauf konditioniert wird, eine vorher bestimmte Rolle in eben dieser Kultur einzunehmen. Auf unsere eigene Kultur angewandt, heißt das: *Basic repression* macht uns erst zu einem Menschen, der zur Führung seines eigenen Lebens und zur Koexistenz mit anderen in der Lage ist; *surplus repression* macht uns, wenn sie funktioniert, zu monogamen, heterosexuellen, bourgeois-patriarchalischen Kapitalisten (›bourgeois‹ auch dann, wenn wir dem Proletariat entstammen; hier ist nicht die Rede von materiellem Status, sondern von ideologischen Normen).«[11]

Woods Blickwinkel ist der eines homosexuellen Marxisten, und das verführt ihn in der Folge dazu, den gesamten Horrorfilm mit einer einzigen Verdrängungsart, der *surplus repression,* erklären zu wollen. Richtig ist sicher, daß kein Genrefilm ohne Zeitbezug auskommen kann, will er sein Publikum überhaupt ansprechen. Daß die Grundmuster gerade dieser Mythen über so lange Zeit gleich geblieben sind, deutet freilich darauf hin, daß diese Mythen vor mehr warnen als nur der jeweils zeitspezifischen Bedrohung des Systems. Möglicherweise zeigen Frankenstein, Dr. Jekyll und insbesondere Dracula, der mythogenetisch älteste und populärste der drei Archetypen, dem jugendlichen Zuschauer also nicht nur, wie er das monogam/heterosexuell/bourgeois/patriarchalisch/kapitalistische System stabilisieren kann, sondern auch, was er jenseits aller ideologischen Normen unterdrücken muß, soll die Rasse als Ganzes überleben.

Im Grunde stehen wir damit freilich wieder am Anfang: Was genau tut Dracula, das nicht nur das System, sondern die Zivilisation an sich gefährden und letztlich auflösen könnte, wenn der Horrorfilm nicht davor warnen würde?

Dracula

Der Vampir existierte bereits lange vor der Zeitenwende. Indische, chinesische und griechische Legenden, sie alle kennen in der einen oder anderen Form die Sage vom Untoten, der des Nachts aus seinem Grab steigt und den Lebenden das Blut aussaugt. Während er in diesen Kulturen jedoch stets eine relativ unwichtige Figur im Pantheon der Schattenwesen blieb, gewann er im Abendland zusehends an Popularität, bis er sich schließlich, ungefähr im 17. Jahrhundert, zum bekanntesten Halbwesen überhaupt gemausert hatte.

Bei diesem Prozeß spielte die römisch-katholische Kirche eine wesentliche Rolle. Der Vampir kam den frühen Priestern dabei insofern gelegen, als man den Leuten vom Land mit ihm das auf den ersten Blick recht kannibalistisch anmutende Sakrament der Eucharistie erklären konnte. Wie der satanische Vampir das Blut eines Sünders trinken und ihm damit die Seele rauben konnte, so lautete die Begründung in etwa, konnten Bußfertige auch den Leib und das Blut Jesu Christi zu sich nehmen und sich damit ein wenig seiner Göttlichkeit aneignen. Der erste Schritt bei der Umwandlung des Vampirs von einem heidnischen in ein christliches Ungeheuer war damit getan, auch wenn er vorläufig nur die zweite Geige spielte. Der Malleus Maleficarum der Inquisition, eine Art Who's Who der Dämonen, erwähnt ihn zwar, räumt ihm aber nur eine sehr untergeordnete Position ein: Hexen, die gute gebaute Männer impotent werden ließen, interessierten die Inquisitoren mehr als Vampire, die sich ihrer Potenz auf etwas ungewöhnliche Weise bedienten. Nichtsdestotrotz geht einiges, was heute zum festen Bestandteil des Mythos gehört, auf diese Zeit zurück. Stellte der Vampir nur eine tote Hülle dar, die vom Teufel besessen war, so mußte er, das diktierte die Logik, sich von christlichen Symbolen exorzieren und schließlich vernichten lassen: dem Kreuz, dem Weihwas-

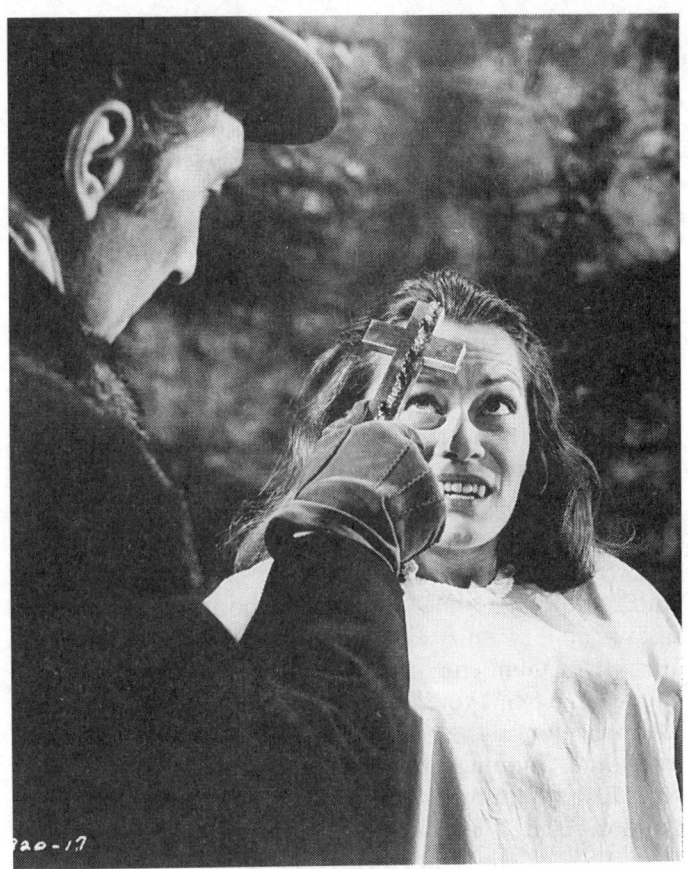

Die Waffe des Christen – Peter Cushing und Carol Marsh in ›Dracula‹

ser, einem Pflock auch, der tunlichst aus demselben Holz wie das Kreuz Christi geschnitzt sein mußte.

Erst als im 17. Jahrhundert die Pest über das Abendland hereinbrach, änderte sich der Bekanntheitsgrad des Vampirs schlagartig. Pasteur lag noch zweihundert Jahre in der Zukunft; was also lag näher, als die rasche Verbreitung der Pest mit dem Wirken eines dämonischen Wesens zu erklären? Die Art, wie sich ein Vampir fortpflanzte, paßte noch am ehesten zu dem, was man tagtäglich um sich herum miterleben mußte. Wie die Pest pflanzte er sich lateral und geometrisch fort: Jeder Biß von ihm steckte andere an, die dann wieder andere ansteckten usw. Auch die Ratten, die eigentlichen Träger der Krankheit, fügten sich wunderbar in dieses Bild ein: Sie waren eben die Begleiter des Vampirs oder womöglich gar der Unhold selbst. Immerhin erzählte die Folklore, daß er seine Gestalt nach Belieben verändern konnte.

Die Pestjahre sollten einen Wendepunkt in der Mythogenese des Vampirs markieren. Von einem Instrument zur Stabilisierung christlicher Religion wurde er nun zu einer existentiellen Bedrohung der gesamten menschlichen Rasse; seine Karriere war gemacht, sein Überleben im Mythenpool gesichert.

In der Folge kleidete ihn die Literatur den Vampir in immer schönere Gewänder. Vom ungeschlachten Nosferatu der Folklore, der seine Opfer auch schon mal auseinanderriß, um an ihr Blut zu kommen, wandelte er sich zu einem attraktiven Gentleman, der wesentlich diskreter zu Werke ging. Ausgehend von Dom Augustin Calmets »Traite sur les apparitions des esprits, et sur les vampires« führte dieser Domestizierungsprozeß über Ossenfelders »Der Vampir«, Robert Southeys »Thalaba the Destroyer« und John Polidoris »The Vampyre« – übrigens eine Ausgeburt derselben Nacht, die dem Horrorgenre auch »Frankenstein« bescherte« – bis hin zu Lord Byrons Antwort auf Polidori, »Manfred«, in dem das bekannte enfant terrible die Person des Vampirs recht geschickt mit seiner eigenen schillernden Persönlichkeit verband.

Noch in einem weiteren Punkt änderte sich der Mythos in diesem Zeitraum. Schon seit jeher wollte die Folklore, daß das selbst zum Untoten gewordene Opfer eines Nosferatu zunächst immer jene anfalle, denen er im Leben am nächsten gestanden habe. Die Pest hatte auch diese Idee bekräftigt. Wer sich um den Kranken kümmerte, und das waren in aller Regel seine engen Verwandten, steckte sich als erster an. Byron und Polidori behielten dieses Konzept bei, verschoben jedoch die Akzente ein wenig: Bei ihnen griff der Vampir nur die weibliche Verwandtschaft an.

Zurück aus der Hochliteratur in die »Niederungen« der Unterhaltung fand der derart abgewandelte Mythos schließlich Ende der 1840er mit »Varney the Vampyre, or the Feast of Blood«, einem Groschenheftchen, wie es im Buche stand: Wieder und wieder greift der Titelheld darin eine gewisse Miß Flora Bannerworth an, die ihm freilich immer wieder aus den Fängen gleitet, bis sich der frustrierte Varney nach Italien zurückzieht, einigen anderen Damen der höheren Gesellschaft das Blut aussaugt und schließlich aus Langeweile in den Vesuv springt.

Mehr oder weniger ausgeprägt enthielt Varney bereits viele der später für den Vampirfilm so typischen Bilder: die mitteleuropäische Herkunft und das aristokratisch höfliche Benehmen des Halbwesens ebenso wie die Heldin, die seinem tödlichen Charme ohne großes Zögern verfällt. Insofern ist das Schicksal des Romans, aus mythogenetischer Sicht betrachtet, äußerst interessant. Wie seine modernen Nachfahren aus der Feder eines Jason Dark war »Varney« für kurze Zeit äußerst populär, und wie diese hatte man ihn nach zwanzig Jahren völlig vergessen. Den definitiven Vampir-Roman zu schreiben, blieb Bram Stoker vorbehalten.

Es gibt in der Fachliteratur etliche Theorien dazu, weshalb »Varney« völlig unterging, während die Beliebtheit von »Dracula« über die Jahre eher noch zunahm. Weil sie der Schlüssel zur eigentlichen Bedeutung des Vampir-Mythos sind, lohnt es sich durchaus, etwas detaillierter auf sie einzugehen.

Die erste dieser Theorien bezieht sich dabei auf die literarische Qualität: Stokers Stil sei besser als derjenige des Autorenkollektivs, das hinter »Varney« stand. Tatsäch-

Höflich, charmant und tödlich – David Peel in ›The Brides of Dracula‹

lich ist »Dracula« recht ungewöhnlich konstruiert. Sein
Anti-Held betritt nur anfangs kurz die Bühne des Gesche-
hens und verschwindet auf den nächsten 300 Seiten im dra-
maturgischen Hintergrund. Wie so viele *gothic novels* sei
Stokers Roman zudem ein regelrechtes Labyrinth, ein
Epistolarium, zusammengesetzt aus Briefen, Tagebuch-

und Diktaphonaufzeichnungen. Damit verberge sich die wahre Bedeutung des Geschehens hinter einer komplexen Erzählstruktur, was wiederum dem fetischistischen Wesen des Horrorgenres besser entspräche als die lineare Erzählweise eines »Varney«. Liest man »Dracula« daraufhin noch einmal durch, entdeckt man freilich bald, daß Stoker kein sonderlich begabter Autor war: Die Einzelteile, aus denen sich die angeblich komplizierte Struktur seines Romans zusammensetzt, gleichen sich stilistisch wie ein Ei dem anderen.

Glaubwürdiger wirken schon die Theorien, die den Erfolg in der geschickten Verarbeitung des Zeitgeistes sehen. In »Dracula« lassen die Taten des Vampirs und seiner Gespielinnen an Deutlichkeit nichts zu wünschen übrig. »Die

Grenzenlose Macht über das andere Geschlecht – Bela Lugosi und Carol Borland in ›Dracula‹

89

blonde Frau kam langsam näher, sank neben der Couch auf die Knie und beugte sich über mich«, berichtet Jonathan Harker seinem Tagebuch. »Der rote Mund ... senkte sich herab, berührte aber meine Lippen nicht, sondern sanken tiefer und tiefer ...«[12] Wie tief, das konnte sich der zeitgenössische Leser zweifellos recht gut ausmalen. Doch damit nicht genug: Stoker lieferte seinen Helden (und damit dem Leser) sogar noch eine Rechtfertigung. Das Böse war so mächtig, daß man ihm sich nicht widersetzen konnte, die verbotenen Lüste ohne das geringste Schuldgefühl genießen konnte. »This thing is bigger than both of us, baby«, wie es Stephen King in seinem lesenswerten Buch »Danse Macabre« so burschikos ausdrückt.

Etwas weniger salopp und dafür präziser liest sich diese Theorie bei Georg Seeßlen. »In einer Atmosphäre, in der unkontrollierte Gefühle einem Vergehen gleichkommen, muß das Übersinnliche wie eine Erlösung wirken. Das Vampirmotiv, das mystifizierte Rachegedanken mit erotischer Symbolik verbindet, sublimierte auch die Todesangst des Menschen jener Zeit, der mit den Problemen vorsichtiger Säkularisierung fertig werden mußte – dem Individuum blieb nichts anderes übrig, wollte es ›auf der Höhe der Zeit‹ sein, als einen Teil seiner existentiellen Probleme zu verdrängen (...) Rationalität und die neue ›protestantische‹ Form der Triebverdrängung war der Preis, den das bürgerliche Individuum zahlen mußte, damit die Voraussetzungen dafür geschaffen werden konnten, daß sich das Bürgertum als herrschende Klasse etablieren konnte. Verschiedene Formen ästhetischer Opposition dagegen waren unausbleiblich; im Vampirroman wie im Schauerroman manifestiert sich eine Haßliebe zum Alten, zum Unveränderlichen und zum Antirationalen.«[13]

Doch einmal mehr trifft diese Sehweise (der Vampir als Symbol der Rache des gestürzten Adels an seinem Überwinder, dem Bürgertum) im Grunde auch auf »Varney« zu. So läßt sich der anhaltende Erfolg von »Dracula« letzt-

*Die Wiederkehr des entmachteten Adels – Christopher Lee in ›Dracula –
Prince of Darkness‹*

lich wohl nur mit einer Hypothese erklären: Stoker muß
über die *surplus repression* seiner Vorläufer hinausgekom-
men sein, einen Gedanken ausformuliert haben, der in
»Varney« entweder gar nicht oder nur latent vorhanden
war, einen Gedanken, der auch noch lange Zeit danach so
schrecklich blieb, daß man ihn hinter einem Mantel aus
phantastischen Ereignissen verbergen mußte.

In seinem Werk »Totem und Tabu« treibt Sigmund Freud
hierzu ein sehr interessantes Gedankenexperiment. Darin
versetzt er uns zurück in die Vorvergangenheit, in eine

Zeit, als der Mensch noch in kleinen Nomadenstämmen durch die Steppen wanderte. Man stritt sich um die Weibchen, bis das stärkste der Männchen, wahrscheinlich also der Vater der meisten Jungen, die Macht übernahm. Gewisse Weibchen gehörten ab sofort ihm allein, seine Söhne/Stammesbrüder mußten sehen, wo sie blieben. »Eines Tages taten sich die ausgetriebenen Brüder zusammen, erschlugen und verzehrten den Vater und machten so der Vaterhorde ein Ende. Vereint wagten sie und brachten zustande, was dem einzelnen unmöglich geblieben wäre. (Vielleicht hatte ein Kulturfortschritt, die Handhabung einer neuen Waffe, ihnen das Gefühl der Überlegenheit gegeben.)«[14]

Doch damit befanden sie sich nun in derselben Situation wie zuvor. Die Frauen, um deretwillen sie den Vater beseitigt hatten, drohten die Gemeinschaft der Brüder zu entzweien; wieder drohte jeder des anderen Nebenbuhler zu werden. Um die neue Organisation nicht zu gefährden, blieb den Brüdern schließlich nur ein Ausweg. »Sie widerriefen ihre Tat, indem sie die Tötung des Vaterersatzes, des Totem, für unerlaubt erklärten und verzichteten auf deren Früchte, indem sie sich die freigewordenen Frauen versagten.«[15]

Das Freudsche Szenario muß sich nicht so abgespielt haben, aber wir benehmen uns noch heute so als ob. Inzest ist kein Thema; kommt die Sprache darauf, hören die meisten Menschen lieber weg. Wie Claude Lévi-Strauss ausführt, ist das Inzesttabu die Grundlage jeglicher Zivilisation, jeglicher Kultur überhaupt.[16] Entscheidend in diesem Zusammenhang ist dabei die Tatsache, daß es kein vererbtes, sondern ein erlerntes Tabu ist. Biologisch gesehen ist der Inzest nicht unbedingt von Nachteil. Praktizierter Inzest kann den Phänotyp negativ beeinflussen, wie verschiedene ägyptische Dynastien und europäische Königshäuser belegen, er kann ihn jedoch ebenso gut auch positiv beeinflussen; man muß nur einen Pferdezüchter fragen. Die Sprengkraft des Inzests liegt auf sozialem Gebiet: Ohne das entsprechende Tabu hätten sich die Brüder erneut verfeindet, es wäre niemals zum Aufbau einer Zivilisation gekommen.

Was aber hat das Inzesttabu und die Tatsache, daß jeder Mensch in seinem Leben lernen muß, es zu akzeptieren, nun mit »Dracula« zu tun? Ganz einfach dieses: Bram Stokers Roman ist ein Lehrstück zu diesem Thema, eine konsequente Nacherzählung des Freudschen Szenarios. Bis zu diesem Zeitpunkt hatten schon mehrere Autoren das Inzesttabu in ihren Romanen thematisiert. Stoker muß Ed-

Stoker hatte durchaus seine Vorbilder: Hier büßen Edgar Allan Poes Helden für die Übertretung des Inzesttabus – Vincent Price und Myrna Fahey in ›House of Usher‹

gar Allen Poes »The Fall of the House of Usher« und Lord Byrons »Manfred« gekannt haben; wirklich originell war sein Einfall also nicht. Was ihm jedoch mit »Dracula« gelang war, die mahnende Geschichte so präzise nachzuerzählen wie kein anderer vor ihm.

Befreit man die Figuren von allem phantastischem Beiwerk, ist Dracula derjenige der Brüder, der in der neuen

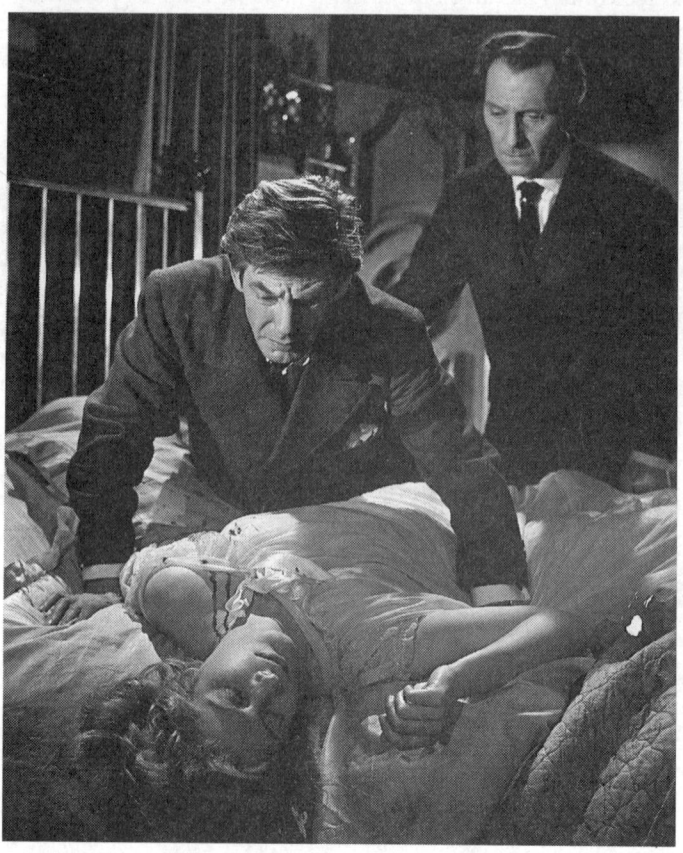

Der Patriarch hat einmal mehr Erfolg – Melissa Stribling, Michael Gough und Peter Cushing in ›Dracula‹

Der gute Vater bringt den bösen regelmäßig aus der Fassung – Edward van Sloan und Bela Lugosi in ›Dracula‹

Gemeinschaft die Rolle des toten Vaters übernehmen will. Seine Chancen stehen mehr als gut: Er ist von überlegener Intelligenz, seine Körperkraft übersteigt die eines normalen Sterblichen um ein Vielfaches, er besitzt große Reichtümer, ein Schloß sogar. Die Unterschiede sind so minimal, daß der Schritt in die Phantastik einfach und glaubwürdig scheint: Dracula ist im Prinzip der tote Vater, der aus dem Grab zurückkehrt.

Im weiteren Verlauf des Romans wird dieser böse Patriarch zwei der wertvollsten Frauen für sich zu reklamieren versuchen: Lucy Westenra und Mina Harker. Derart herausgefordert, entsetzt ob der Vorstellung, die neue Gemeinschaft könnte wieder auseinanderbrechen, bleibt

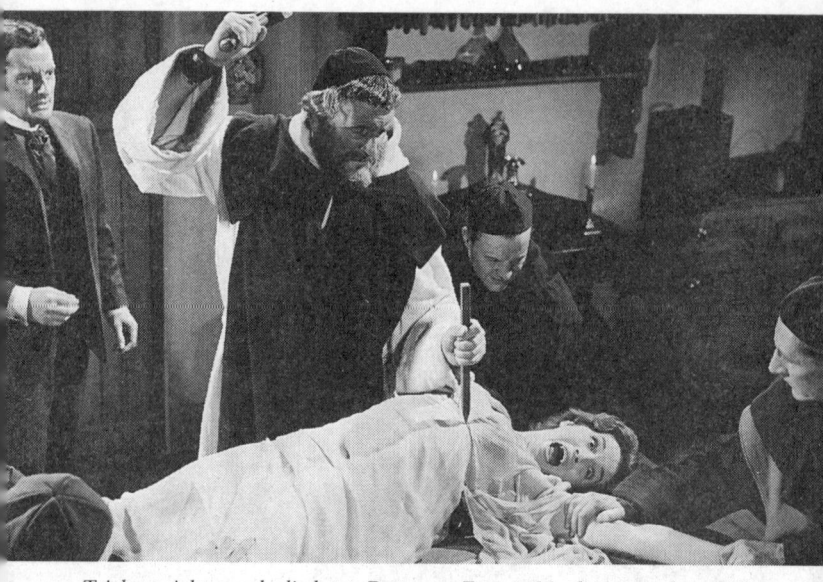

Triebvernichtung als die letzte Rettung – Francis Matthews, Andrew Keir und Barbara Shelley in ›Dracula – Prince of Darkness‹

ihren Mitgliedern nur eines: Die gleichfalls an einer Ehe mit Lucy interessierten, jugendlichen Helden Arthur Holmwood, Quincey Morris und Jonathan Seward vereinen sich und zerstören schließlich den Vampir.

Ohne wirkliche Parallele in Freuds fiktivem Szenario ist bei Stoker lediglich die Figur des Van Helsing, die einzige Person in Stokers Roman, der Dracula annähernd gleichgestellt ist, was Intelligenz und ähnliches betrifft. Er ist das didaktische Element in »Dracula«, das personifizierte Inzesttabu, der Beweis für die Möglichkeit, selber zu einem ähnlich mächtigen Vater/Bruder werden zu können, ohne dabei gleich wie jener enden zu müssen. Geschickt baut Stoker Van Helsing dabei zu einer Vaterfigur auf. Der Texaner Quincey ist ohnehin ein Fremder in einem fremden Land, Arthur verliert seinen Vater, Jonathan seinen Mentor, am Ende bleibt den so Verwaisten nur Van Helsing als ein Vaterersatz.

Das Erfolgsrezept, das Van Helsing dabei lehrt, ist schlicht und einfach Triebverdrängung, die Weigerung, sich mit jenem weiblichen Mitglied des Stammes einzulassen, das Dracula für sich reklamierte und das insgeheim auch von ihm selbst, Van Helsing, begehrt wird: Lucy. Bezeichnend sind in diesem Zusammenhang die höchst unterschiedlichen Reaktionen auf eine Blutübertragung, im Roman das Symbol für den sexuellen Akt: Dracula genießt sie; Van Helsing, der im Laufe des Romans Lucy mit einer Transfusion zu retten versucht, verliert darob völlig die Beherrschung und verfällt für kurze Zeit »King Laugh«.

Nun bergen solche Exegesen[17] natürlich immer die Gefahr in sich, daß sich mit ihnen im Grunde alles beweisen läßt, wenn man nur die richtige Mücke zum Elefanten aufbläht. »Dracula« als eine Mahnung vor dem Inzest *(basic repression)* mit aufgepropftem Zeitbezug *(surplus repression)* zu betrachten, mag legitim sein, aber liegt darin wirklich der Grund für seinen Reiz?

Zwei Argumente für diese Hypothese.

Das erste davon bezieht sich auf den antiken Lamia-Mythos. In ihm sind, ganz pauschal ausgedrückt, die Geschlechterrollen vertauscht; aus dem bösen Patriarchen ist die mächtige Mutter geworden. In ihrer einfachsten Form gestalten sich die Lamia-Filme dabei zu einer *rite de passage:* In *Vamp* (Vamp) irren drei typische Teenager auf der Flucht vor Grace Jones durch rotgrüne Traumlandschaften, bis die Liebe zu einer hübschen Kellnerin den Helden vor der Übermutter rettet. Weil das totale Matriarchat indes ein zu entsetzlicher Gedanke für das konservative Horrorgenre ist, wird die mächtige Mutter in den Lamia-Filmen zumeist als Lesbe denunziert. Roger Vadims *Et mourir de plaisir* (… und vor Lust zu sterben) und besonders Tony Scotts *The Hunger* (Begierde) lassen in diesem Punkt an Deutlichkeit nichts zu wünschen übrig.

Und dennoch ist die Lamia keine Bedrohung der Rasse an sich, nur eine solche des Systems. Sie ist nicht so existentiell schrecklich, als daß sie eines phantastischen Rahmens wirklich bedürfte. Während es außerhalb des Genres zahlreiche Filme gibt, die sich mit dem Matriarchat und der bösen Mutter befassen *(C'era una volta il West*/Spiel mir das Lied vom Tod, *Bloody Mama*/Bloody Mama), konnte sich der Lamia-Mythos im Horrorfilm nie wirklich durchsetzen, obwohl er mit Joseph Sheridan Le Fanus allegorischer Kurzgeschichte »Carmilla« eine im Vergleich zu »Dracula« literarisch zweifellos bedeutendere Vorlage hervorgebracht hat. *Captain Kronos – Vampire Hunter* etwa erzählt im Grunde nicht davon, wie ein swashbuckelnder Van Helsing (Horst Janson) einen Vampir beseitigt, sondern davon, wie ein zigarillorauchendes Clint Eastwood-Double das Matriarchat aus dem Wege räumt. (Nicht unerwähnt bleiben soll in diesem Zusammenhang allerdings Alfred Hitchcocks *Psycho:* Es ist mehr als reiner Zufall, daß ausgerechnet jener Horrorfilm, der in den Sechzigern den Trend weg vom Phantastischen zu einem neuen Realismus und damit von *basic repression* zu *surplus repression* auslöste, just eine solche böse Mutter in den Mittelpunkt rückte.)

Besser beweisen läßt sich die Inzest-Hypothese jedoch an den verschiedenen Verfilmungen von Stokers Roman. Beruht die Wirkung des Mythos tatsächlich auf *basic repression,* ergibt sich daraus nämlich eine sehr einfache Schlußfolgerung: Ein Dracula-Film, der zu sehr auf den Zeitbezug spekuliert, dürfte keinen neuen Boom auslösen. Umgekehrt betrachtet, wenn sich der betreffende Film also verstärkt des Inzest-Motivs bedient, müßte er in hohem Maße stilbildend sein. Folglich müßte sein Erfolg nicht nur formal und/oder soziologisch, sondern vor allem psychologisch zu erklären sein.

Der erste, der sich an einer aufwendigeren Stoker-Verfilmung versuchte, war Friedrich Wilhelm Murnau. *Nosfera-*

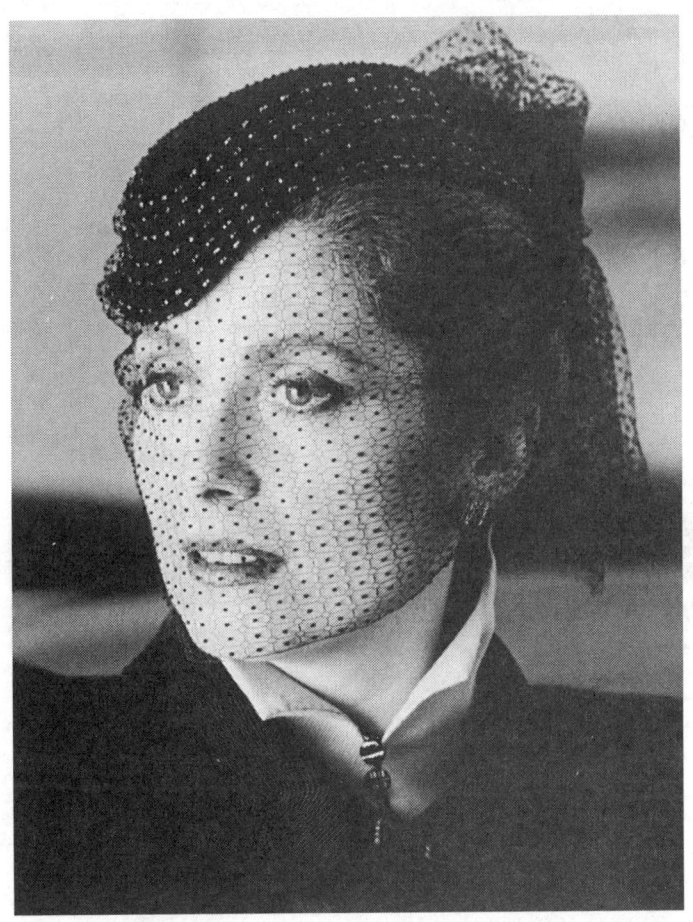

Die mächtige Mutter als Lesbe denunziert – Catherine Deneuve in ›The Hunger‹

tu – Eine Symphonie des Grauens änderte dabei zwar die Namen und verlegte den Schauplatz von London nach Bremen, übernahm Stokers Plot jedoch so direkt, daß dessen Erben keine sonderlichen Probleme damit hatten, eine

Kein Gentleman, nur ein tyrannisches Schreckgespenst – Max Schreck in
›Nosferatu – Eine Symphonie des Grauens‹

Plagiatsklage durchzudrücken und sämtliche Kopien des
Films aus dem Verkehr ziehen zu lassen.
Und dennoch unterschied sich der Film grundlegend von
seiner Vorlage. Max Schreck spielte Nosferatu/Dracula
nicht als attraktiven Gentleman, sondern als tyrannisches
Spukgespenst, das sich klappmessergleich aus seinem Sarg
hob und mit ausgestreckten Klauen drohend auf die Kamera (d. h., den Zuschauer) zuschritt. Dies war durchaus
im Sinne Murnaus, der eine Allegorie auf die, im Zwie-
spalt zwischen Tyrannei und Chaos gefangene deutsche
Volksseele beabsichtigt hatte. Es ist überflüssig, an dieser
Stelle die Thesen Kracauers noch einmal im Detail darzu-

legen; Tatsache bleibt, daß Murnau seine Absicht verwirklichen konnte: *Nosferatu* gilt heute als Musterbeispiel eines vor allem soziologisch orientierten Horrorfilms.

So wesentlich die Impulse aber auch waren, die Murnau dem Genre durch die Form seines Films (Gleichheit von Innen- und Außenwelt) vermittelte, scheiterte *Nosferatu* in zumindest einer Hinsicht völlig. Jenen Typ Vampir, wie ihn Max Schreck verkörperte, übernahmen in der Folge nur sehr wenige Regisseure und Schauspieler: Klaus Kinski in Werner Herzogs *Nosferatu*-Remake und Reggie Nalder in Tobe Hoopers TV-Film *Salem's Lot* (Brennen muß Salem) blieben Ausnahmen, während Bela Lugosi neun Jahre später das Film-Image Draculas so sehr prägte, daß

Bela Lugosi in ›Dracula‹

lange Zeit überhaupt keine Alternative zu ihm denkbar war.

Den außerordentlichen Erfolg von Tod Brownings *Dracula* (Dracula) ebenfalls soziologisch zu deuten, liegt natürlich nahe. Kein Buch, das sich mit der Geschichte des Horrorfilms befaßt, versäumt es, auf den 24. Oktober 1929 hinzuweisen, den berüchtigten »Schwarzen Freitag«, an dem die Börsenkurse in den Keller fielen und die Welt in eine katastrophale Wirtschaftskrise rissen. Bald darauf spiegelten sich die dadurch entstandenen Aggressionen auch im Kino wider. Gangster und Monster beherrschten die Leinwand, unter ihnen eben auch Dracula: der Fremde, der europäische Liebhaber, der die amerikanische Frau entführen und die ohnehin bereits ramponierte Familie endgültig ruinieren wollte.

Sieht man *Dracula* heute, fällt einem zunächst freilich auf, was für ein schlechter Film er ist. Lugosis dick aufgetragener Akzent ist lächerlich, Brownings Regie statisch, die Taktik Garrett Forts, seine Figuren über wichtige Ereignisse nur reden zu lassen, anstatt sie zu zeigen, schlichtweg unfilmisch. All diese Fehler resultieren natürlich aus derselben Tatsache, die auch die soziologische Deutung des Erfolgs wenn schon nicht ad absurdum führt, so doch arg ins Wanken bringt: *Dracula* ist die vorlagengetreue Verfilmung des nicht minder erfolgreichen Theaterstücks von Hamilton Deane und John L. Balderston, das seine Amerika-Premiere lange vor der Weltwirtschaftskrise erlebte: im Oktober 1927.

Die Gründe für die Popularität des Theaterstücks waren dieselben, die auch dem Film zum Erfolg verhalfen. Bela Lugosi mochte es zeit seines Lebens nie verstanden haben, seine theatralische Grandeur für das Kino ein wenig zurückzunehmen. Auch mochte er immer ein wenig zu schmierig scheinen, um als Liebhaber wirklich glaubhaft zu sein. Einen Aspekt des Stokerschen Dracula fing er freilich ein wie kein zweiter nach ihm. Lugosi gelang, wo-

Der perfekte Patriarch – Bela Lugosi in ›Dracula‹

bei Lon Chaney jr., der ewige Sohn, in *Son of Dracula* völlig scheiterte: Er war der ideale Patriarch. Den unsichtbaren Zeigefinger, den gewissen Blick von oben herab, beherrschte er perfekt, auch wenn er gelegentlich auf zwei Punktleuchten vertraute, mit denen Kameramann Karl Freund ihm einen besonders hypnotischen Blick verlieh. Man glaubte Lugosi, daß er die primordiale Bruderhorde

Terence Fisher

ohne Probleme vertreiben konnte. Man wußte oder ahnte zumindest, daß man sich nach seinem Tod ein Inzesttabu förmlich auferlegen mußte; die schwächlich scheinenden Konkurrenten verstärkten diesen Glauben nur noch. Lugosi war der böse Vater, den es zu überwinden galt, und er war es mit jeder Faser seines Körpers.

Scheint die soziologische Theorie schon bei Lugosis *Dracula* nicht besonders plausibel, versagt sie bei seinem Nachfolger völlig. Rolf Giesen etwa, der Soziologe par excellence, scheitert in seinem Buch »Der phantastische Film« geradezu exemplarisch daran, die plötzliche Popularität der Hammer-Filme zu erklären, und muß am Ende auf das alte Klischee vom zunehmenden Sadismus des Publikums zurückgreifen.

Fraglos spielten das Technicolor, die exzellenten Spezialeffekte und die liebevolle Ausstattung der meisten Hammer-Filme eine wesentliche Rolle bei ihrem Erfolg. Im

Grunde waren sie freilich nur die äußeren Anzeichen einer neuen Deutlichkeit: Terence Fishers *Dracula* (Dracula) reduzierte Stokers Vorlage auf ihre Essenz; was im Rahmen des freudianischen Szenarios nicht unbedingt notwendig war, fiel weg. Geographische Bezüge interessierten Fisher und seinen Autoren Jimmy Sangster nicht. Statt in Transsylvanien und England spielt die Geschichte nun in der Umgebung eines »Karlsbald«, das bis auf seinen Namen freilich mit dem viktorianischen London identisch ist. Nicht zuletzt aus Kostengründen wurde auch das phantastische Element soweit wie möglich zurückgedrängt. Der neue Dracula war nun fast ein Mensch; in eine Fledermaus

Christopher Lee und Valerie Gaunt in ›Dracula‹

oder in einen Wolf verwandeln konnte er sich nicht mehr. Verschwunden auch die Figur des Rainfield und die komplizierte Brudergemeinschaft Stokers, die Jimmy Sangster radikal auf das reduzierte, was erst sehr viel später aus ihr werden würde: eine Familie. Terence Fishers Regie tat dann noch das ihre, die Trennlinien zu verwischen. Die radikale Neuordnung der Realität durch die Montage wich in Dracula einer subtilen Desorientierung durch die Mise-en-scene. Schnitte verwendete Fisher nur, wenn sie unbedingt nötig waren; ansonsten bewegte sich die Kamera beinahe ohne Unterlaß, umkreiste die Figuren, glitt um sie herum, sinnlich und verstörend.

Übrig blieb ein Plot, das von der Macht des Bruders/Vaters erzählte, davon, wie seine Wünsche und Begierden die Familie aufzulösen und jenen Inzest wieder einzuführen drohten, den man eben so mühsam unter Kontrolle gebracht hatte. Hammer war sich dieser Untertöne voll bewußt: Die Gute-Nacht-Küsse des Bruders waren stets eine Nuance zu aufdringlich, um nur als Beweis brüderlicher Zuneigung gelten zu dürfen. Und als die Schwester, zum Vampir geworden, den Inzest tatsächlich vollziehen und den Bruder »küssen« will, scheint er gar nicht mal so unwillig. Natürlich fährt Van Helsing rechtzeitig mit einem Kreuz dazwischen.

In den folgenden Jahren spielte Hammer diese Geschichte immer wieder durch, mal in anderer Umgebung und mit anderen Halbwesen, dann wieder mit Dracula, der immer mehr Familien bedrohen durfte. *Taste the Blood of Dracula* (Wie schmeckt das Blut von Dracula?) etwa, einer der späteren Filme in der Serie, spielt das Inzestmotiv nicht weniger als dreimal durch.

Daß diese gelegentlich fast schon prätentiöse Reduktion auf reinen Freud funktionierte, verdankte Hammer dabei vor allem seinen Schauspielern, die durch ihre Präsenz jede ausführlichere Erklärung erübrigten. Christopher Lee war die Sinnlichkeit per se, die wirbelnden Herbstblätter

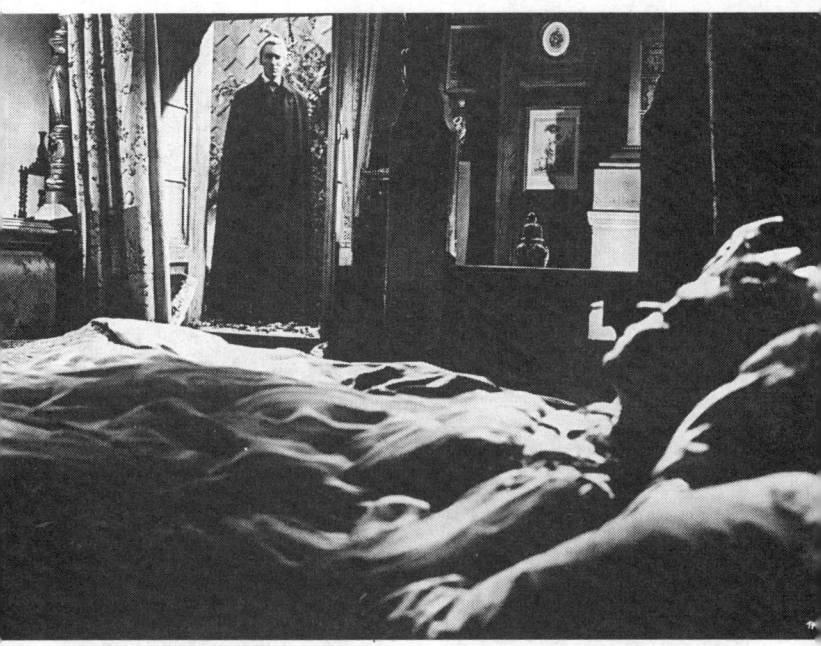

Gestalt gewordene Herbstblätter – Christopher Lee und Carol Marsh in ›Dracula‹

vor der Verandatür, der samtrote und doch so nacht-schwarze Verführer, der Treppen nicht nur hinaufstieg, sondern hinaufglitt. Gut aussehend, dynamisch, athle-tisch, verströmte er nicht nur Macht, sondern auch den Eindruck, daß er diese Macht ohne Skrupel benutzen wür-de. Als ihm Jonathan Harker seinen Besitz, eine junge Frau mit dem für Hammer obligaten tiefen Ausschnitt, wegnehmen will, springt Dracula wie eine Furie über einen Tisch, schleudert sie in eine Ecke und wischt den schwächlichen Konkurrenten mit einer Handbewegung beseite.

Sein Gegenspieler Peter Cushing wiederum war die Aske-se in Person. Auf die komplizierte Abfolge von Bluttrans-

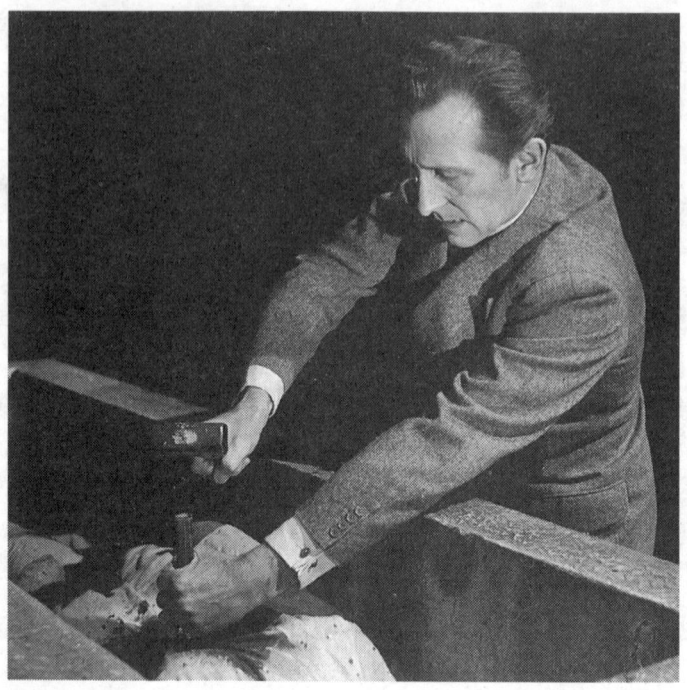

Klammheimliche Freude an der Vernichtung des Vampirs – Peter Cushing in ›Dracula‹

fusionen, mit denen Stoker den Charakter von Van Helsing definierte, konnten Terence Fisher und Jimmy Sangster getrost verzichten. Ein Blick auf Peter Cushings ausgezehrtes Gesicht genügte und man wußte nicht nur, daß er den bösen Vater/Bruder Christopher Lee überwinden würde, sondern ahnte auch, daß es ihm klammheimlich Spaß machte, wenn diese Zerstörung so drastisch wie möglich vor sich ging. Peter Cushing schwang die Waffen seines Handwerks wie kein zweiter: Das Zischen des Kreuzes, wenn es die Haut des Vampirs verbrannte, war für ihn insgeheim die höchste aller Befriedigungen und es dauerte gar nicht lange, bis er sich selber so kasteien durfte. Schon in Hammers zweitem Dracula-Film, *The Brides of Dracula* (Dracula und seine Bräute), mußte er den Vampirbiß an seinem Hals mit einem glühenden Eisen ausbrennen.

Unverblümter als Hammer konnte man die Geschichte nicht mehr erzählen. Noch deutlicher zu werden, war nur mehr in der Parodie *(The Fearless Vampire Killers*/Tanz der Vampire), *Love at First Bite*/Liebe auf den ersten Biß) oder im Rahmen eines mehr oder weniger ausgeprägten Sexfilms *(Dracula vuole vivere ... cerca sangue di vergine*/ Andy Warhols Dracula) möglich. Alles andere verwässerte die Reinheit der Geschichte.

Die Deutlichkeit der Parodie – Roman Polanski und ein homosexueller Iain Quarrier in ›The Fearless Vampire Killers‹

Werner Herzogs *Nosferatu – Das Phantom der Nacht* und John Badhams *Dracula* (Dracula) zum Beispiel modifizierten den Mythos dahingehend, daß sich der Vampir seiner zerstörerischen Macht bewußt war und erheblich darunter litt. »Es gibt Schlimmeres als den Tod, das müssen Sie mir glauben!«, gesteht Frank Langella bei Badham seiner Inamorata Kate Nelligan. »Ich habe viele Freunde zu Grabe getragen und bin selbst sehr müde. Ich bin der letzte meiner Art. Ich stamme ab von einem Eroberergeschlecht, meine Familie war deren Herzblut, die Weisheit, die Schwerter. Aber die kriegerischen Tage sind vorbei.« Doch derlei Mitleid hat im Vampir-Mythos keinen Platz, soviel haben uns Stoker und Freud gelehrt. Das Überleben der Rasse und der Familie hängt davon ab, daß man den Vampir nicht bemitleidet.

Frankenstein

Vom Vampir-Stoff unterscheidet sich der zweite große Mythos des Horrorfilms vor allem durch die Herkunft seines Halbwesens. Stammt Dracula aus dem Abgrund der Zeit, ein Ungeheuer in bester manichäischer Tradition, ist Frankensteins Monster ein von Menschen ersonnenes und erbautes Geschöpf, das sich schließlich gegen seinen Erbauer wendet und diesen mit in den Untergang reißt. Eindeutige Schuldzuweisungen sind im Frankenstein-Mythos damit nicht mehr möglich, alles bleibt ambivalent: Macht sich Frankenstein schuldig, weil er allein im Dunkeln herumexperimentiert? Oder macht sich das Ungeheuer schuldig, weil es seine Triebe nicht kontrollieren kann? Liegt die Schuld vielleicht letztendlich bei der Umwelt, die dem Außenseiter keine Chance gibt?
Auf den ersten Blick ist die Schuldzuweisung natürlich klar. Mary Shelley läßt den Leser keine Sekunde lang im Zweifel, daß sie »Frankenstein« als eine Variation des Faust-Motivs verstanden wissen will. Frankensteins Sünde

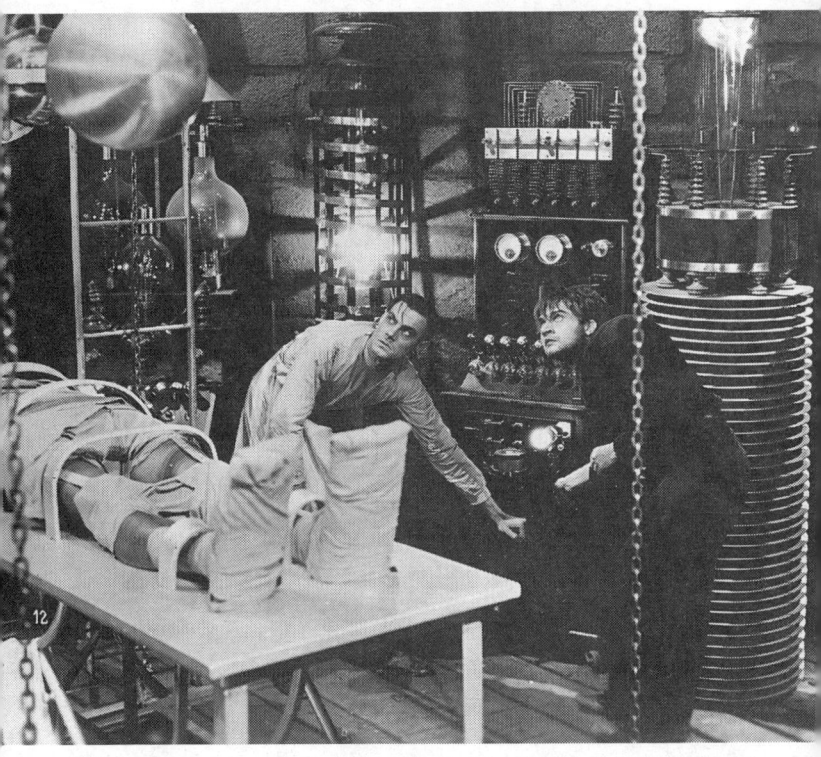

Das Neutrum dringt in die Domäne Gottes ein – Colin Clive und Dwight Frye in ›Frankenstein‹

ist es, daß er es Gott gleichtun will, seine Bestrafung ist das Scheitern all seiner ehrgeizigen Pläne. Er ist der »neue Prometheus«, der Rebell gegen die göttliche Ordnung, Gebärer und Feuerbringer, Vater und Mutter in einem: ein Neutrum.

Auch die Filme haben diesen Ansatz regelmäßig aufgegriffen. Immer wieder warnt ein Dr. Waldmann oder ein Paul Krempe seinen jungen ehrgeizigen Eleven, nicht in »Gottes Domäne« einzudringen, weil das nur Schreckliches nach sich ziehen könne. Bis hinab zur Besetzung der Hauptrollen orientieren sich die Regisseure so an Shelleys Bild des Gotteslästerers Prometheus, der Vater- und Mutterrolle gleichzeitig übernimmt. Peter Cushing etwa ist frigide bis zum Punkte der Geschlechtslosigkeit; einer der populärsten Frankensteins aller Zeiten gar, Tim Curry, bekennt sich ohne Umschweife als süßer Transvestit aus Transsexual/Transsylvanien.

So plausibel dieses Szenario aber auch klingt, hat es doch einen schwachen Punkt. In ihm unterscheidet sich Frankenstein kaum von den zahllosen anderen *mad scientists*, den Fu Man Chus und Rotwangs: Wie sie wäre er lediglich der Rebell gegen das System, der seine Rebellion mit dem Tode bezahlen muß: zu wenig, um einen derart dauerhaften Mythos zu begründen.

Sucht man daraufhin nach Aussagen, die über bloße *surplus repression* hinausführen, stößt man sehr schnell auf eine Eigentümlichkeit gotischer Schauerromane. Immer wieder finden sich in diesen Werken überraschende Wendungen, die aus der Logik der Geschichte heraus völlig unglaubwürdig sind: Als etwa das Ungeheuer Frankenstein auffordert, eine Frau für es zu erschaffen, weigert sich der Doktor rigoros. Er will nicht, daß das Ungeheuer Kinder hervorbringt und die Welt mit einer Flut von Monstern überzieht, lautet seine Begründung ungefähr. Interessant ist diese Wendung dabei insofern, als Victor Frankenstein, diesem grandiosen Anatomen, der nach all seinen Experimenten über den menschlichen Körperbau Bescheid wissen müßte wie kein zweiter, niemals die Idee kommt, bei der Erschaffung der Frau schlicht und einfach die Gebärmutter wegzulassen. Lieber stürzt er sich und seine Lieben ins Unglück, indem er sein Ungeheuer vor den Kopf stößt.

So taucht in diesem Moment plötzlich eine neue Geschichte hinter der Geschichte auf: eine Geschichte, die Mary Shelley schon die ganze Zeit erzählte, eine Geschichte, die sie (vielleicht aus mangelnder Erfahrung) nun jedoch nicht mehr hinter dem faustischen Szenario verbergen konnte. Was Frankenstein wirklich fürchtet, sind nicht so sehr die Folgen eines Tête-à-têtes zwischen seinen beiden Geschöpfen als das Tête-à-tête selbst. Sein »Sohn« und seine »Tochter« würden sich lieben, und das ist es, was Frankenstein nicht zulassen kann. Inzest, das lehrt auch der Dracula-Mythos, ist etwas ungleich Schreckerregenderes als die (vom Ungeheuer ohnehin heftig bestrittene) Möglichkeit

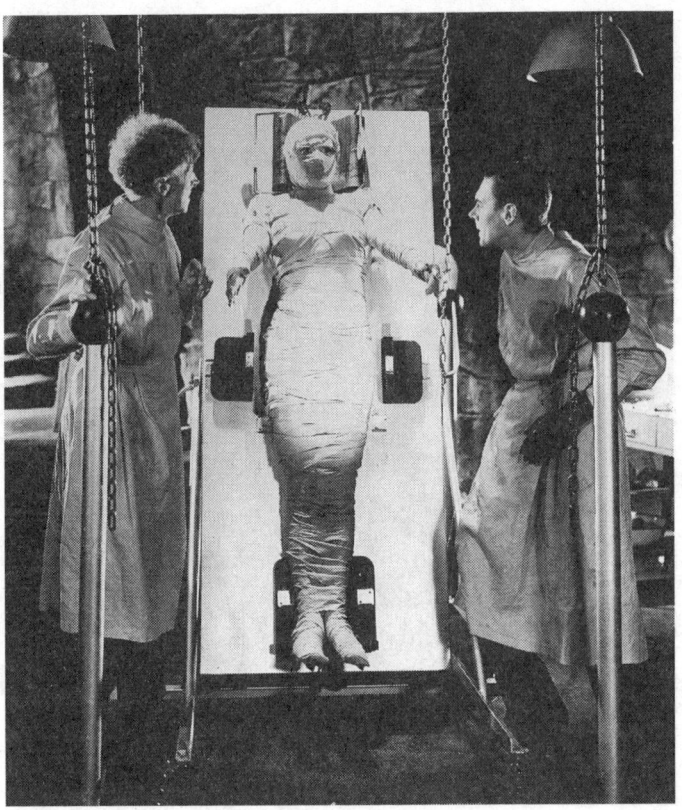

Der Inzest rückt in greifbare Nähe – Ernest Thesiger, Elsa Lanchester und Colin Clive in › The Bride of Frankenstein‹

einer Invasion von Monsterkindern. Wie in so vielen *gothic novels* spielt die Logik keine sonderliche Rolle, wenn die Psychologie der Geschichte das Gegenteil erfordert.

Vor allem zwei dieser Schlüsselpunkte sind dabei entscheidend, will man in Shelleys Roman mehr sehen als nur eine Variation des Mad-Scientist-Motivs: die Erschaffung und nachfolgende Erziehung des Ungeheuers sowie die Reaktion Victors auf die Drohung seines Geschöpfes, es werde in seiner Hochzeitsnacht bei ihm sein.

Einer der augenfälligsten Unterschiede zwischen dem Roman und den nachfolgenden Verfilmungen ist Shelleys völliges Desinteresse am Werdegang der Kreatur. Deren

Im Unterschied zum Roman kam das Filmungeheuer nie über ein Märchenbuch hinaus – Boris Karloff in ›Son of Frankenstein‹

114

Doppelgänger – Colin Clive und Boris Karloff in ›Frankenstein‹

Geburt nimmt gerade einen Absatz ein, für ihre Erziehung gar greift sie auf eine lächerliche Notlösung zurück: Das Ungeheuer versteckt sich in einer Hütte, nimmt heimlich an den Englisch-Lektionen einer aus ihrem Heimatland vertriebenen, arabischen Prinzessin teil und eignet sich schließlich, dank einiger zufällig herumliegender Werke von Milton, Plutarch und Goethe, im Alleingang das Wissen des gesamten Abendlandes an.

Mehr als alles andere verweisen diese Passagen, deren einziger Zweck es ist, das Ungeheuer dem intellektuellen Niveau seines Schöpfers anzugleichen, auf die eigentliche Bedeutung von Shelleys Roman. Nicht Prometheus und schon gar nicht Faust sind die Vorbilder seines Helden, eher schon ist er ein Vorläufer Dr. Jekylls. Frankenstein interessiert sich nicht dafür, Leben aus dem Tode zu erschaffen. Wäre es nur das, hätte er auch mit toten Hunden (oder sogar toten Amöben) experimentieren können. Er will eine ganz bestimmte Art von Leben erschaffen: einen Doppelgänger seiner selbst, der ihn vor etwas bewahrt, was er selbst nicht mehr verhindern kann. (In den Filmen sollten sich die Trennlinien immer weiter verwischen: Seit *Son of Frankenstein*/Frankensteins Sohn gilt der Name sowohl für den Schöpfer wie für sein Geschöpf.)

Was dieses Etwas sein könnte, darauf verweist der zweite große Schwachpunkt in Shelleys Roman. Nachdem Victor das Ansinnen des Monsters abgelehnt hat, droht ihm sein frustriertes Geschöpf damit, es werde in seiner Hochzeitsnacht bei ihm sein. Frankenstein weiß genau, wem diese Drohung gilt: Ihn selbst könnte das Ungeheuer jederzeit ermorden, wenn ihm danach wäre. Bleibt als potentielles Opfer also nur mehr seine zukünftige Frau Elisabeth.

Anstatt nach dieser Einsicht zu handeln, tut Frankenstein in der Hochzeitsnacht jedoch etwas reichlich Merkwürdiges. Er räumt freiwillig das Feld für den angedrohten Mord: Statt seine Braut zu beschützen, hetzt er, angeblich auf der Suche nach dem Ungeheuer, in die Nacht hinaus und überläßt Elisabeth ihrem Schicksal. Weshalb?

Ohne den Gedanken überstrapazieren zu wollen, deutet doch einiges in Shelleys Roman darauf hin, daß das Verhältnis zwischen Frankenstein und Elisabeth kein normales ist. »Und als sie mir am folgenden Tage Elisabeth als die verheißne Gabe darstellte«, berichtet Victor in einer sehr bezeichnenden Passage, »nahm ich die Worte der Mutter in allem kindlichen Ernste für buchstäbliche Wahrheit und betrachtete das Mädchen fortan als mein Eigentum – als meinen alleinigen Besitz, den nur ich zu schützen, zu lieben und zu hegen berechtigt war (…) Untereinander redeten wir uns mit Cousine und Cousin an, aber es gab einfach kein Wort, welches der Beziehung hätte gerecht werden können, in der dies Mädchen zu mir stand: bei weitem mehr denn eine Schwester …«[18]

Bei solchen Beziehungen ist es nur folgerichtig, daß die

Hochzeitsnacht und alles, für das sie steht, Victor mit panischer Angst erfüllt. »Der Grund hinter dieser Angst heißt Inzest – die Anspielungen auf ein Bruder/Schwester-Verhältnis zwischen Victor und Elisabeth sind unmißverständlich, auch wenn man sie des öfteren hinter den Pentimenti von 1831 suchen muß. Einfach ausgedrückt, hat das Ungeheuer Victor in die Lage versetzt, eine als tabu geltende sexuelle Handlung vollziehen zu können. Zugleich hat es

Das Ungeheuer erfüllt seinen heimlichen Auftrag – Boris Karloff und Mae Clarke in ›Frankenstein‹

ihm aber auch versprochen, während seiner Hochzeitsnacht zugegen zu sein, um sicherzustellen, daß die Ehe nicht vollzogen wird.«[19]

All das hat mit der Kino-Version des Frankenstein-Mythos, der eigentlich gültigen, natürlich denkbar wenig zu tun. Tatsächlich liegt der Grund für die enormen Unterschiede zwischen dem Roman und seinen Verfilmungen genau dort, wo Shelleys Werk seine versteckten Bedeutungen durchscheinen läßt: in den »unlogischen« Stellen. Ließen sie sich bei Stoker noch relativ einfach aus dem Wege räumen (statt den Anti-Helden blindlings nach London fahren und Lucy angreifen zu lassen, enthalten alle Verfilmungen nun eine Szene, in der Dracula ein Foto von Lucy in Jonathan Harkers Gepäck entdeckt), ist das bei Shelley nicht so ohne weiteres möglich. An Versuchen hat es im Laufe der Filmgeschichte dabei nicht gefehlt. Stets nahmen die nötigen Erklärungen jedoch so viel Zeit in Anspruch, daß das eigentliche Thema des Mythos darüber verlorenging – so geschehen in Franc Roddams *The Bride* (Die Braut), eine Art »neue Leiden des jungen Werther«, diesmal mit Schrauben im Hals. Die Zeit, neben den Erklärungen auch den Mythos selbst abzuhandeln, konnte sich im Grunde nur das Fernsehen nehmen: *Frankenstein: The True Story* (Frankenstein, wie er wirklich war) hieß das 195 Minuten lange Ergebnis.

Einfacher war es da natürlich, von vornherein auf diese beiden problematischen Schwachpunkte zu verzichten. Genau das taten Garrett Fort, Edward Faragoh und Robert Florey, die Autoren von James Whales *Frankenstein* (Frankenstein), und definierten damit den Mythos für das Kino neu. Als erstes fiel dabei die inzestuöse Beziehung zwischen Frankenstein und Elisabeth dem Rotstift zum Opfer. Von *Carne per Frankenstein* (Andy Warhols Frankenstein) einmal abgesehen, erschienen beide in der Folge stets als ganz normales Pärchen kurz vor der Heirat.

Um diesen Verlust an Bedeutung auszugleichen, taten die

Der Mythos als Entwicklungsroman – Jennifer Beals und Clancy Brown in ›The Bride‹

drei Autoren etwas sehr Bemerkenswertes: Sie verwandelten das Monster von einem intellektuell ebenbürtigen Doppelgänger Frankensteins in ein überdimensionales

Weiter auf der Suche nach dem Trost, den er niemals finden wird – Anne Darling und Boris Karloff in ›The Bride of Frankenstein‹

Kind. Mit dieser Neudefinition schlugen Fort, Faragoh und Florey zwei Fliegen mit einer Klappe: Einmal gingen sie damit der dramaturgisch schwierig umzusetzenden Ausbildung des Ungeheuers aus dem Wege. Zum zweiten erzeugten sie so aber auch eine neue Geschichte hinter der Geschichte: Auf der Suche nach der Mutter, die es niemals hatte, stößt das Ungeheuer nun regelmäßig auf jene Person, die von rechts wegen seine Mutter sein müßte: Elisabeth. Doch sein Körper ist nicht der eines Kindes mehr, darin liegt seine Tragik. Trost kann er bei Elisabeth (und allen anderen Menschen) nicht finden, weil damit, so scheint es wenigstens, immer mehr verbunden wäre als nur bloßer Trost: verbotene Beziehungen, Indiskutables, nach Inzest Riechendes.

Die Parallelen zu den neuen ungewohnten Gefühlen im jugendlichen Zuschauer, die Parallelen zum Schmerz auch, den die endgültige Auflösung der Mutter/Kind-Bindung in diesen Jahren mit sich bringt, sind unübersehbar. Der Frankenstein-Mythos, wie ihn das Kino geprägt hat, erzählt letztlich auch von Sozialisation. »Zum einen versucht das Ungeheuer selbst ein Mensch zu werden, doch seine Triebe und die Verständnislosigkeit seiner Umwelt treiben ihn in den Tod. Das Beispiel einer mißglückten Verwandlung! Zum anderen aber verwandelt sich auch Frankenstein, nämlich von einem an der Grenze zum Manischen existierenden Forscher, der wie besessen versucht,

Bedeutungen verborgen hinter Pyrotechnik – ›Frankenstein‹

121

den Schöpfungsakt ›ohne Frau‹ ... zu vollziehen, in einen Ehemann, der ›auf Experimente im Dunkeln‹ verzichtet. Das Beispiel einer gelungenen Verwandlung!«[20]

Was sich nach einem durchgehenden Prozeß anhört, sind in Wahrheit freilich zwei. Die erste Botschaft lautet dabei: »Experimentiere nicht im Dunkeln, daraus entsteht nur Unvollkommenes!« Sucht man nach einer bildlichen Entsprechung im Film, kann das natürlich nur die Schöpfungsszene sein. Die zweite Botschaft des Mythos folgt unmittelbar aus der ersten, unterscheidet sich aber doch von ihr: »Vernichte das Unvollkommene und ordne dich dem System unter!« Ihr Bild im Film ist die Jagd des Kollektivs und/oder Frankensteins auf das Ungeheuer und dessen finale Zerstörung.

Beide Botschaften sind im Regelfall aneinander gekoppelt, und dennoch hat man es hier mit zwei sehr verschiedenen Triebverdrängungsmechanismen zu tun, wie sich auch an der ästhetischen Aufbereitung im Film zeigt. So pflegen alle Regisseure die wahre Bedeutung der Schöpfungsszene *(basic repression)* hinter grandiosen pyrotechnischen Effekten zu verbergen. Blitze und andere elektrische Entladungen zucken durch kalte Labors, die Schnitte häufen sich, die Horizontlinie geht verloren, und bunt schillernde Aquarien mit absonderlichem Inhalt (ein unabdingbares Requisit aller Hammer-Laboratorien) verwandeln die Szenerie in ein Meer von Licht und Farbe: eine grandiose Light-Show, wie sie nur die wenigsten Diskotheken bieten können. Dem gegenüber braucht sich der Regisseur bei der anschließenden Jagd und Vernichtung des Monsters *(surplus repression)* kaum derlei Verschlüsselungen aufzuerlegen. Hier sind die Bilder dann meist nur noch, was sie eben sind, und konsequenterweise leiden recht viele Frankenstein-Filme in diesen Augenblicken unter erheblichen dramaturgischen Problemen.

Und dennoch folgt, wie gesagt, das eine nicht notwendigerweise aus dem anderen. Die Genialität eines *Young*

DER GRÖSSTE LACH ERFOLG DER WELT

MARTY FELDMAN

EIN FILM VON
MEL BROOKS

FRANKENSTEIN
JUNIOR

20th Century-Fox zeigt: Einen Film von MEL BROOKS
FRANKENSTEIN JUNIOR
mit GENE WILDER · PETER BOYLE · MARTY FELDMAN
CLORIS LEACHMAN und TERI GARR sowie KENNETH MARS und MADELINE KAHN
Produktion MICHAEL GRUSKOFF · Regie: MEL BROOKS · Idee und Drehbuch: GENE WILDER und MEL BROOKS
Nach den Charakteren des Romans „FRANKENSTEIN" von MARY W. SHELLEY · Musik: JOHN MORRIS
Eine Produktion GRUSKOFF/VENTURE FILMS, CROSSBOW PRODUCTIONS, INC. und JOUER LIMITED · KOPIEN von DE LUXE®

Frankenstein (Frankenstein junior) zum Beispiel gründet
sich nicht auf die stilistische Präzision von Mel Brooks und
nicht auf das gelungene, bis ins Detail korrekte *casting*
(Cloris Leachman und Kenneth Mars sind perfekte Dou-
bles für Una O'Connor und Lionel Atwill) und auch nicht

auf die mehr oder weniger gelungenen Witze über Frau Blücher und die Igor-Nordwand (einen der wenigen, wirklich erfinderischen Synchron-Momente des ganzen Films). *Young Frankenstein* ist deshalb ein so erhellender Beitrag zum Mythos, weil er unter dem Mantel der Parodie etwas erzählte, wovor selbst James Whales *Bride of Frankenstein* (Frankensteins Braut) zurückschreckte: Bei Brooks findet das Ungeheuer (Peter Boyle) den Trost, der ihm bislang stets verwehrt blieb. Und dieser Trost beschränkt sich, wie man schon immer vermutet hat, nicht auf bloße Streicheleinheiten. Madeline Kahn reagiert darauf zunächst pflichtgemäß entsetzt, singt dann aber doch eine fröhliche Arie. Der Erfolg bleibt nicht aus: Die bis dato obligate Jagd findet (fast) nicht statt, Peter Boyle entwickelt sich zum Menschen und liest am Ende brav das »Wall Street Journal«. Es ist kein Wunder, daß nach *Young Frankenstein* keine wirklich gelungene Abhandlung dieses Mythos mehr gedreht wurde: Mel Brooks sagte alles.

Vorbilder hatte Brooks dabei natürlich mehrere gehabt. Auch wenn das Gros der Shelley-Adaptationen nichts weiter als bessere Mad-Scientist-Filme mit Markennamen darstellten, gab es im Laufe der Filmgeschichte doch immer wieder einige Regisseure, für die *basic repression* nicht ganz automatisch auch *surplus repression* bedeutete.

Schon der Begründer des Film-Frankensteins war ein Mensch, der die Normalität zeit seines Lebens als etwas Grauenvolles ansah. Zudem war James Whale ein Künstler. Nahmen spätere Regisseure den Mythos in der Regel wörtlich, was dann meist auf dem Niveau »Frankenstein schafft Monster, Monster jagt Frankensteins Braut, Frankenstein tötet Monster« ablief, kleidete er ihn in einfache Sinnbilder, die er, entsprechend dem Untertitel von Shelleys Roman, der klassischen Mythologie entnahm. In *Frankenstein* (Frankenstein) symbolisierte Dunkelheit und Feuer Prometheus den Feuerträger, Licht und Wasser Prometheus den Gebärer: Der Mann war Nacht, die Frau der Tag; beides vereint ergab die Gestalt von Boris Karloff, der das Unmögliche einer solchen Synthese so eindrücklich verkörperte wie kein anderer nach ihm. Wasser faszinierte ihn, und doch brachte es ihm den Ruf eines Kindermörders ein. Licht war etwas Schönes, und doch blieben ihm die Sonnenstrahlen, nach denen er in seinem Kerker hilflos zu greifen versuchte, für immer verwehrt. Zuviel Dunkelheit hatte bei seiner Entstehung mitgewirkt: nicht nur die Dunkelheit des Todes, sondern auch die Dunkelheit von Frankensteins Assistenten Fritz. Damit war das Böse, das in J. Searle Dawleys Verfilmung aus dem Jahre 1910 noch in Frankensteins Seele ruhte, nach außen projiziert: Colin Clive, diesen etwas neurotischen Jungen mit dem überwältigenden Drang, Licht und Dun-

Boris Karloff und Marilyn Harris in ›Frankenstein‹

kelheit zu vereinen, traf im Grunde keine Schuld; Dwight Frye war der eigentliche Übeltäter. Er hatte das abnormale Gehirn beschafft, er quälte das Ungeheuer so lange mit Feuer, bis es ihn vor lauter Wut angriff. Am Ende fiel Boris Karloff diesem Feuer dann zum Opfer: In einer Mühle setzten ihn die Dorfbewohner fest und zündeten ihn an.

Doch noch einmal bot das Wasser Zuflucht. Vier Jahre später tauchte er in einem überfluteten Keller wieder auf. Es gibt viel zu sehen und zu entdecken in *The Bride of Frankenstein*, diesem reifsten aller Frankenstein-Filme: Boris Karloffs Spiel, den nachtschwarzen Humor James Whales, ein neues, nach außen projiziertes Böses in Form des Dr. Praetorius, eine Vielzahl religiöser Motive, die den Leidensweg des Ungeheuers mit dem Jesu Christi

Zu viel Dunkelheit, zu wenig Licht – Dwight Frye, Boris Karloff und Colin Clive in ›Frankenstein‹

O. P. Heggie und Boris Karloff in ›The Bride of Frankenstein‹

gleichsetzen. In Erinnerung bleibt jedoch vor allem der
Schrei: Die Braut (Elsa Lanchester) steht zischelnd da,
eine Ausgeburt der Elektrizität, den Blitz im Haar gefan-
gen. Dann sieht sie den ihr zugedachten Mann, fängt an zu
schreien und stürzt ihrem Schöpfer in die Arme. Niemand
schrie seither wieder so perfekt wie Elsa Lanchester.
Und doch schien dieser Schrei ein wenig übertrieben: Boris Karloff war ganz sicher keine Schönheit, aber es ist
klar, daß er es gut meint. Er lächelt seine Braut an, fuchtelt
linkisch mit den Händen. Später sitzen sie nebeneinander:
sie, die überhebliche Schönheit, er, der häßliche Riese,
der die endlich gefundene Mutter/Braut liebevoll betät-

schelt. Sie jedoch bleibt weiter unnahbar. Bis Karloff die Geduld verliert und den Selbstzerstörungshebel umlegt, der zu jener Zeit in allen Labors zu finden war.

Schon zuvor hat man in einigen Einstellungen bemerkt, daß Whale bei *Bride of Frankenstein* den einen oder anderen Kompromiß eingehen mußte. Tatsächlich war die Story in ihrer Urform wesentlich bizarrer: Bei der Erschaffung der Braut sollten Dr. Praetorius und Frankenstein auf ein kleines Problem stoßen. Die Herzen, so stellte sich in diesem Drehbuchentwurf heraus, eigneten sich nicht, gaben viel zu schnell den Geist auf. Das Herz eines eben erst Gestorbenen bräuchte man, sollte Frankenstein bemerken. Und nachdem das Ungeheuer Elisabeth ohnehin bereits entführt hatte, um Frankenstein zur Mitarbeit zu überreden, sollte Dr. Praetorius ein teuflischer Gedanke kommen: Warum nicht Elisabeth als Spender zwangsverpflichten?

Dieser Plot war den Universal-Chefs des Bizarren jedoch zuviel. Sie erhoben Einspruch und zwangen Whale einige Änderungen auf: Statt Elisabeth tötet Praetorius' Assistent Karl (einmal mehr: Dwight Frye) nun ein unbekanntes Bauernmädchen. Die Szenen im Labor, einschließlich des Schreis, waren zu diesem Zeitpunkt jedoch bereits gedreht. Whale konnte das Labor nicht noch einmal aufbauen, so blieb die Reaktion der Braut im Film: Ihr Schrei ist der Schrei Elisabeths, die erkennt, daß sie der Rolle, die ihr der Mythos zugedacht hat, nicht mehr entkommen kann. Sie muß Mutter und Braut in einem spielen – mit allen Konsequenzen.

Die extrem pessimistische Weltsicht Whales, von denen *Frankenstein* und *The Bride of Frankenstein* so profitierten, ging seinen Nachfolgern indes ab: Schnell verfielen die weiteren Fortsetzungen der Versuchung der *surplus repression,* drängten die existentielle Tragik des Ungeheuers in den Hintergrund und zeigten es statt dessen als etwas Böses, das es tunlichst auszurotten galt. Typisch für die

Frankenstein-Filme der zweiten Generation ist etwa Rowland V. Lees hochkarätig besetzter *Son of Frankenstein* (Frankensteins Sohn), in dem der verheiratete Sohn in das Labor seines Vaters zurückkehrt und die Familientradition fortsetzt. »Wirst du deinem Bruder helfen?« fragt Bela Lugosi den jungen Wolf von Frankenstein (Basil Rathbone), der daraufhin erst einmal sehr verdutzt dreinschaut, bis ihm klar wird, was sein Gegenüber meint. Doch derlei Entwicklungsmöglichkeiten interessieren Lee längst nicht so wie hochexpressionistische Dekors und ein gelegentlicher Touch von Grausamkeit: Was dem Mythos neue psychologische Dimensionen eröffnen hätte können,

Statt Zuneigung nur ein Schrei – Elsa Lanchester und Boris Karloff in ›The Bride of Frankenstein‹

reduzierte sich schließlich auf die schlichte, recht langweilige Geschichte vom bösen Monster, das vom nicht minder bösen Schäfer Ygor auf die Geschworenen gehetzt wird, die ihn seinerzeit an den Galgen brachten.

Wenngleich Universals Hausregisseure auch niemals in der Lage waren, Whale angemessen zu kopieren, hatten ihre Chefs in den oberen Studioetagen doch den guten Geschäftssinn gehabt, die Mise-en-scène Whales urheberrechtlich schützen zu lassen. Als sich in den Fünfzigern daher die englischen Hammer-Studios dem Thema zuwandten, blieb ihnen gar nichts anderes übrig, als einen neuen Ansatz zu suchen.

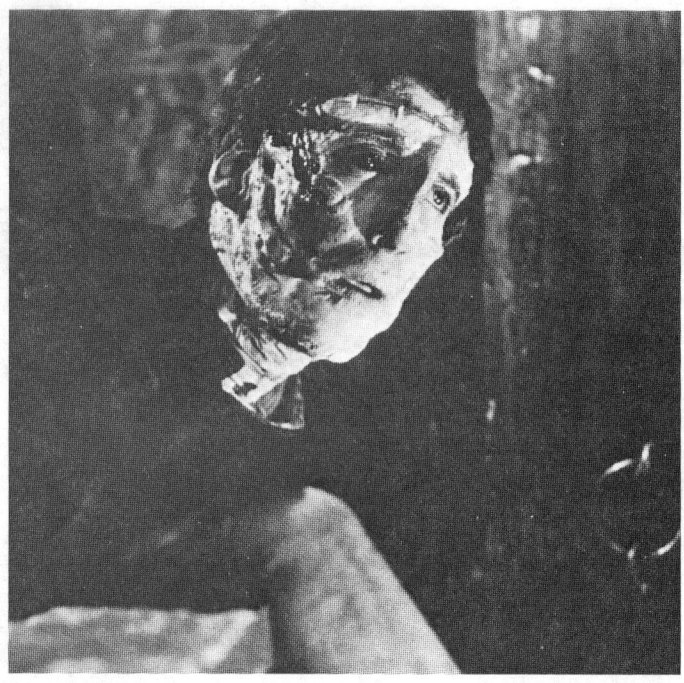

Nur noch bloße Bestätigung: Christopher Lee in ›The Curse of Frankenstein‹

Zum Dandy umgestaltet – Peter Cushing in ›The Curse of Frankenstein‹

Schon auf der Ebene des Plots unterschied sich *The Curse of Frankenstein* (Frankensteins Fluch) dabei sehr von seinen Vorläufern. Ging James Whale bereits kurz nach der Einleitung in medias res, fand der eigentliche Schöpfungsakt bei Terence Fisher erst nach einer guten Stunde statt: weniger Auslöser zukünftiger Ereignisse denn Bestätigung des bereits Geschehenen. Als Frankenstein (Peter Cushing) während des Schöpfungsakts kurz das Labor verlassen muß, lauert ihm das Ungeheuer bei seiner Rückkehr bereits auf und versucht, ihn zu erwürgen.
Zum Großteil ging dieses neue Konzept natürlich auf die

Schauspieler zurück. Peter Cushing war schon rein äußerlich zu erfahren, zu sachlich, als daß man ihm den jugendlichen Prometheus abnehmen konnte. Statt des Enthusiasmus eines Colin Clive schrieb ihm Autor Jimmy Sangster daher die Rolle eines beherrschten Dandys im Rüschchenhemd auf den Leib, der sich sowohl auf gesellschaftlichem Parkett wie auch in seinem Labor gleichermaßen sicher bewegte. Auch die Motivationen änderten sich nun: Das Handeln des Hammer-Frankensteins entsprang nie echtem Wissensdurst, eher schon dem Widerstreit zwischen seiner diffus humanistischen Einstellung und dem dringenden Bedürfnis, die Gesellschaft mit besonders ruchlosen Taten ein wenig zu schockieren.

Als Identifikationsfigur konnte Cushings Frankenstein damit natürlich nicht mehr dienen. Regelmäßig stellte ihm Hammer daher einen Assistenten zur Seite, der stellvertretend für den jugendlichen Zuschauer in die verbotenen Bezirke der Sexualität eingeführt wurde und dabei aus erster Hand lernte, welche Folgen derlei Experimente im Dunkeln haben konnten. Daß Hammers Autoren über diese Folgen sehr genau Bescheid wußten, zeigten die Filme immer wieder.

In *Frankenstein Created Woman* (Frankenstein schuf ein Weib) zum Beispiel spielt Peter Cushing einmal mehr eine Rolle, die in ihrer psychologischen Anlage etwa der des Dr. Praetorius aus Whales *Bride of Frankenstein* entsprach. Der eigentliche Frankenstein dagegen, ein ängstlicher Assistent namens Dr. Hertz (Thorley Walters), hält sich die meiste Zeit im Hintergrund auf: Er ist lediglich Zuschauer, genau wie jene jugendlichen Kinogänger, die das Geschehen auf der anderen Seite der Leinwand verfolgen.

Die mahnende Geschichte selbst ist dann so absurd wie konsequent: Hans (Robert Morris), der Sohn eines Mörders, liebt Christina (Susan Denberg), die von schweren Körperschäden entstellte Tochter eines Schankwirts. Als

132

der gegen die Verbindung eingestellte Vater von drei Tau-
genichtsen ermordet wird, fällt der Verdacht natürlich auf
den Freier. Indizien in Form eines (gestohlenen) Mantels
sprechen gegen ihn, er wird zum Tode verurteilt, nach seiner Hinrichtung geht seine Geliebte ins Wasser. Die Voraussetzungen für ein neues Experiment sind gegeben.
Wo Whale die wahre Bedeutung der Experimente jedoch
noch hinter Metaphern wie Licht und Dunkelheit ver-
schleiern mußte, kann Terence Fisher sehr viel deutlicher
werden: Sein Frankenstein lädt die Leiche Christinas mit
der »Lebensenergie« des unschuldig guillotinierten Hans
auf und erschafft damit ein Wesen ganz nach seinem (androgynen) Bilde. Doch einmal mehr muß der Versuch

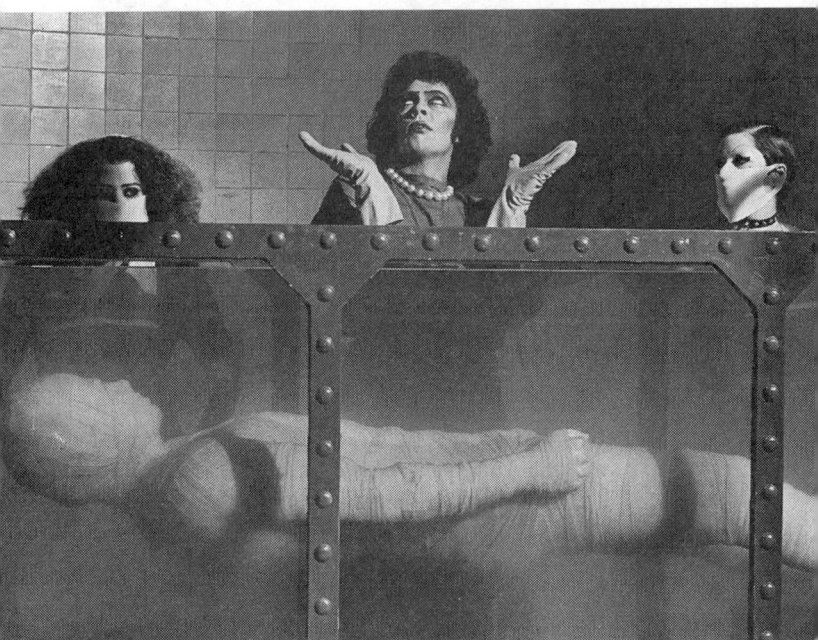

*Hammer-Parodie, komplett mit Aquarium – Patricia Quinn, Tim Curry
und Little Nell in ›The Rocky Horror Picture Show‹*

mißlingen: Christina und Hans, in einem Körper vereint, jagen die Mörder von Hans und rächen sich auf grauenvolle Weise. Frankenstein ahnt bald, was vor sich geht, doch er kommt zu spät. In einer pastoralen Landschaft verführt Christina den letzten der drei Mörder und köpft ihn. Dann hält sie den abgeschlagenen Kopf von Hans empor und spricht zu ihm in seiner Stimme. Der Kopf antwortet mit Christinas Stimme: Alle Trennungen sind aufgehoben, sexuelle, geistige, körperliche. Das Ergebnis kann nur Selbstmord heißen.

Die Gründe dafür in aller Klarheit aufzuzeigen, unter dem Deckmantel der Parodie einen Blick auf jene Geschichte zu gewähren, die hinter den Geschichten stand, blieb freilich einem anderen vorbehalten. Was Gene Wilder für die Universal-Filme war, stellte Tim Curry für die Produkte aus den Hammer-Studios dar; sein Frank N. Furter war die logische Konsequenz des asexuellen Peter Cushing: ein bisexuelles Straps-Ungeheuer, das in einem Hammer-Laboratorium (komplett mit bunt schillerndem Aquarium) einen monströsen Muskelmann zusammenbaute und nebenbei der Mittelklasse die Spießermoral austrieb.

Doch die Amoral, die die *Rocky Horror Picture Show* vermeintlich predigte, war in Wirklichkeit gar keine. Solange alles Tanz und Maske bleibt, Verkleidung und Kokettieren, sagte der Film, blieb Riff-Raff der *faithful handyman.* Aber »Don't dream it, be it!«, diese Maxime Frank N. Furters, galt nur bis zu einem ganz bestimmten Punkt; jenseits davon sprachen Riff-Raffs Laserstrahlen: Wie alle Frankenstein-Filme lehrt auch die *Rocky Horror Picture Show* letztlich, daß man sich besser in die zugedachte Rolle fügen sollte – nicht, weil es das jeweilige System so will, sondern weil ohne diese Triebbeherrschung die Zivilisation an sich zusammenbräche. Die Trauer über diesen Verlust, die Brad und Janet ins Gesicht geschrieben steht, als sie mit ihrem Mentor Dr. Scott das Schloß verlassen, ist verständlich. Aber sie ist auch der Preis des Mensch-Seins.

Abkömmlinge: Die Mumie, das Phantom und andere

An Versuchen, Dracula und Frankenstein zu kopieren, herrscht in der Filmgeschichte ganz gewiß kein Mangel. Unter dem Strich ließ die Wirksamkeit solcher Rip-Offs und Remakes jedoch stets zu wünschen übrig; im Mythenpantheon des Horrorkinos bleiben diese Abkömmlinge wenig mehr als Nebendarsteller, die zwar gelegentlich den einen oder anderen Erfolg verbuchen konnten, ansonsten aber nie die Popularität ihrer Vorbilder erreichten.

Das hatte einen einfachen Grund: Sollte das jeweilige Halbwesen überhaupt eine Chance haben, aus dem Schatten seiner Ahnen herauszutreten, mußte sich die um es herum erzählte Geschichte von der Vorlage unterscheiden, wenigstens geringfügig. Von den optimalen Geschichten einer Shelley, eines Whale und eines Stoker konnte der Weg freilich nur nach unten führen: Jeder neue Zusatz bedeutete zugleich auch, daß die Geschichte hinter der Geschichte verwässert wurde.

Natürlich konnte ein einigermaßen begabter Regisseur immer versuchen, die Geschichte beizubehalten und die nötige Innovation im Stil zu finden. So sind die beiden einzig ernst zu nehmenden Mumien-Filme, Karl Freunds *The Mummy* (Die Mumie) und Terence Fishers farbige Neuauflage (dt. Titel: Die Rache der Pharaonen), inhaltlich betrachtet wenig mehr als ein Remake von Dracula: Ein Wesen aus dem Abgrund der Zeit begehrt eine »reservierte« Frau, worauf die Gemeinschaft der Brüder unter Führung eines modifizierten Van Helsing (Edward van Sloan bzw. Peter Cushing: die Besetzung unterstrich die Parallelen nur) versuchte, dem schändlichen Treiben Einhalt zu gebieten. Wirklich neu war nur der Stil: Bediente sich Freund, wie schon erwähnt, einer extremen Licht- und Schattendramaturgie, legte der ansonsten recht handfeste Fisher einen Anflug traumhafter Sinnlichkeit über die ge-

Der erste Traum in Spielfilmlänge – Christopher Lee und Peter Cushing in
›The Mummy‹

genwärtigen Ereignisse und kehrte nur in den Ägypten-
Rückblenden zu einem realistischen Stil zurück. Wie David Pirie bemerkt, war Fishers *Mummy* im Grunde die erste Traumsequenz in Spielfilmlänge.
Für die Masse der B-Pictures, in der sich der entworfene
Mythos dann bewähren mußte, war der Weg der stilisti-
schen Innovation indes ein ungangbarer. Folgerichtig
suchten *The Mummy's Hand, The Mummy's Curse* und all
die anderen Mumien-Filme aus den Vierzigern Zuflucht in
immer kompliziertere Geschichten um böse Ägypter

(meist von weitem an ihrem Fez erkennbar), doppelte Reinkarnationen, Tana-Blätter, uralte Sümpfe und ähnlichem Hokuspokus. Die Wirkung der Geschichte verflog in diesem konfusen Wirrwarr naturgemäß recht schnell: Mythen wirken dann am besten, wenn sie einfach sind.

Daß auch der umgekehrte Weg nicht funktionierte, demonstrierten einige andere Filme, in denen freudianische Regisseure und Autoren ein von der Literatur her nicht klar definiertes Halbwesen mit Freudianismen förmlich überluden. So wirksam Jack Claytons Henry-James-Verfilmung *The Innocents* (Schloß des Schreckens) sein mag, letztlich bleibt sie unbefriedigend, weil sie – ähnlich wie *The Haunting* (Bis das Blut gefriert), *The Shining* und die

Voll didaktischem Bewußtsein – Deborah Kerr in ›The Innocents‹

Mehrzahl solcher Geisterfilme – den Zuschauer mit der Nase auf ihre Bedeutungen stößt: Anfangs bemerkt Deborah Kerr nur mysteriöse Schatten auf dem Dach. Doch kaum sieht sie auf einigen Gemälden die Gesichter des früheren Verwalters Peter Quints und ihrer Vorläuferin Miß Jessels, als die Schatten plötzlich Konturen gewinnen. Und tatsächlich: Die Gesichter der Schatten gleichen denen auf den Bildern bis aufs Haar. Es ist sicher möglich, aus einem derart didaktischen Bewußtsein heraus einen kommerziell erfolgreichen Geisterfilm zu drehen: *Amityville Horror* (Amityville Horror) und *Poltergeist* (Poltergeist) beweisen es. Ein Archetyp von der Popularität eines Dracula oder Frankenstein jedoch entsteht auf diese Weise kaum.

Erfolgreicher schnitten daher in der Regel jene Filme ab, die nicht die Geschichte selbst, sondern die Geschichte hinter der Geschichte geringfügig veränderten. Waren Horrorfilme ohnehin nichts weiter als deutlichere Märchen, lag es natürlich nahe, sich auf der Suche nach neuen Stoffen bei den Märchen umzusehen. Schon sehr früh stieß man so auf die Geschichte von der Schönen und dem Ungeheuer; ein Märchen, das auf den ersten Blick wie eine Synthese aus Dracula und Frankenstein schien.

Einmal mehr geht es darin um die Bestätigung des Inzesttabus: Ein junges Mädchen opfert sich für seinen Vater und zieht in das Schloß eines greulichen und trotzdem seltsam anziehenden Ungeheuers, das es in der Folge langsam kennen- und liebenlernt. Eines Tages erfährt das Mädchen jedoch, daß ihr Vater schwer erkrankt sei. »In ihrem Konflikt zwischen der Liebe zu ihrem Vater und den Bedürfnissen des Tieres verläßt die Schöne das Tier, um ihren Vater zu versorgen. Aber da merkt sie plötzlich, wie sehr sie das Tier liebt, ein Symbol dafür, daß sich ihre Vaterbindung lockert und daß sie ihre Liebe auf das Tier überträgt. Erst als sie sich dafür entscheidet, das Vaterhaus wieder zu verlassen, um sich mit dem Tier zu vereinigen – das heißt,

Ein anderer Mythos, oder vielleicht doch derselbe – Josette Day und Jean Marais in ›La Belle et la Bête‹

nachdem sie die ödipale Bindung an den Vater gelöst hat –, wird die Sexualität, die ihr zunächst abstoßend erschien, für sie schön.«[21] Und das bislang so greuliche Ungeheuer verwandelt sich in einen hübschen Prinzen.

Allen Gemeinsamkeiten zum Trotz ist das Märchen von der Schönen und dem Ungeheuer natürlich keine Horrorgeschichte im eigentlichen Sinne. Es warnt lediglich voraus, sein Publikum kann selbst noch nicht nachvollziehen, was die Heldin in ihm erlebt. Um dieses Märchen im Horrorfilm nutzen zu können, bleibt einem Autoren jedoch nicht viel mehr zu tun, als die erotische Komponente zu verstärken und die Geschichte aus einem anderen Blickwinkel zu erzählen. Auch in dieser Variante liebt das Ungeheuer ein junges Mädchen und setzt sie in unterirdischen Gängen fest. Wieder bleibt sie teils willig, teils aus Zwang bei ihm und verliebt sich langsam in das Ungeheuer. Doch das Happy-End bleibt aus: Als sie tut, wovor

Kein Märchenprinz am Ende – Lon Chaney und Mary Philbin in ›The Phantom of the Opera‹

das Ungeheuer sie stets gewarnt hat, und es demaskiert, erscheint kein Prinz, sondern ein noch viel unheimlicheres Ungeheuer: der Vater möglicherweise, den sie nicht lieben darf. Es ist, mit anderen Worten, die Geschichte vom

Phantom der Oper, auch wenn die meisten Regisseure der Geschichte nie recht trauten und ihr Heil statt dessen in produktionstechnischem Aufwand (Tod Brownings *Phantom of the Opera*/Das Phantom der Oper) oder der heute so beliebten Mythenvermengung (Brian de Palmas *Phantom of the Paradise*/Phantom im Paradies) suchten.

Tatsächlich erfordert eine solche Vermischung aus Märchen und Horror enorme Präzision von seiten des Regisseurs, soll sie nicht in das Melodram (*The Hunchback of Notre-Dame*/Der Glöckner von Notre-Dame), in den Sexfilm (*La Bête*/La Bête), in das Märchen (*The 7th Voyage of Sinbad*/Sindbads siebte Reise) oder in den SF-Monsterfilm (*The Creature from the Black Lagoon*/Der Schrecken vom

Der Archetyp des Archetyps – ›King Kong‹

Amazonas) abrutschen: Auch heute noch sind *King Kong* (King Kong und die weiße Frau) und Jean Cocteaus *La Belle et la Bête* (Es war einmal) im Grunde die einzigen Filme, denen es gelang, von Anfang bis Ende in diesem faszinierenden Schwebezustand zu verharren. Und natürlich lassen sie den gewöhnlichen Horrorfilm damit so weit hinter sich, daß sie nur mehr als *sui generis* bezeichnet werden können: Sie sind, wenn man so will, der Archetyp des Archetyps.

IV. Wandel

The bats have left the bell-tower
The victims have been bled
Black velvet lines the black box
Bela Lugosi's dead

Bauhaus

Als am 28. Januar 1956 ein ehemaliger Lastwagenfahrer namens Elvis Presley in der Tommy & Jimmy Dorsey Stage Show seinen Song »Heartbreak Hotel« zum besten gab und dabei sein Becken auf eine Weise kreisen ließ, die man nur als eindeutig zweideutig bezeichnen konnte, sahen die meisten Eltern das Ende der Welt in greifbarer Reichweite. Nichts Geringeres, so hieß es in den Wochen darauf, als den endgültigen Verfall der Moral, den Niedergang jeglichen Anstandes habe man da auf dem heimischen Fernsehschirm miterleben müssen.

Wie so oft im Leben hatten diese Eltern natürlich völlig recht; ein so schlechtes Beispiel konnte nicht ohne Folgen bleiben. Bald, so schien es, hatte die gesamte Jugend Amerikas nichts Besseres mehr zu tun, als in Malt Shops rumzuhängen, die Brillantine im Haar, den Kamm stets in Griffweite. Andere »Halbstarke« wiederum brausten auf frisierten Motorrädern durch die Gegend oder steuerten in Vaters Wagen abgelegene Hügel an, um dort mit der gerade aktuellen Freundin wüste Dinge anzustellen. Ein Weltbild zerbrach.

Der Siegeszug des Rock'n'Roll erschütterte auch den Horrorfilm in seinen Grundfesten. Auf einmal schienen die alten Geschichten von Dracula und Frankenstein reichlich weltfremd, spießig gar: Wie konnte man die Warnungen noch ernst nehmen, wenn sie vor genau dem warnte, was man selber längst geworden war? Umgekehrt sahen natürlich auch die Produzenten, Regisseure und Autoren das Problem. Wie konnte man noch ernsthaft darauf bestehen, den Auflöser der Familie aus Transsylvanien kommen zu lassen, wo doch der eigentliche Auflöser ganz offensichtlich aus Tupelo/Mississippi stammte?

Der Blick in die Vergangenheit enthüllte sehr bald ein Rezept, das sich oft genug bewährt hatte: die Denunzierung der Rebellion. Wollte man freilich glaubhaft bleiben, konnte man dabei nicht so billig vorgehen, wie so viele Eltern dies versuchten. Statt dessen kam man überein, daß die Rebellion nur eine Mode war und all die jungen Revoluzzer letztlich doch dasselbe wollten wie ihre Eltern – finanzielle Sicherheit, ein Eigenheim, eine Familie schließlich. Wenn dem jedoch so war (und die folgenden Jahre bewiesen das sehr bald), gab es eine relativ einfache Lösung des Problems: Die Mahnungen mußten realer, drastischer, spezifischer werden.

Damit waren die Tage der expressionistischen Verschlüsselung gezählt. Ein neuer Realismus zog herauf, und mit ihm kamen neue Mythen: synthetische Mythen, aus Bruchstücken der klassischen Vorlagen zusammengesetzt, in denen die erotischen Mahnungen unversehens zu politischen gerieten; Mythen, in denen die Auflösung der Familie von der Möglichkeit zur erschreckenden Tatsache geworden war.

Das erste Studio, das mit einer ganzen Serie von billig produzierten »Teenage«-Filmen auf die neue Situation reagierte, war Samuel Z. Arkoffs und James H. Nicholsons »American International Pictures«. *I Was a Teenage Werewolf* (Der Tod hat schwarze Krallen) und *I Was a Teenage Frankenstein* stellten den klassischen Mythos in eine moderne Umgebung; Helden und Halbwesen waren nun Halbstarke: Michael Landon etwa, der an den falschen Psychotherapeuten gerät und von diesem ab und an in einen Werwolf verwandelt wird. Oder auch der aus den Leichen ermordeter Jugendlicher zusammengenähte Gary

Halbstarke als Helden – Michael Landon (r.) in ›I Was a Teenage Werewolf‹

Conway, dessen Gesicht aussah wie der größte Schrecken aller Teenager: ein einziger, riesiger Akne-Pickel.
Wie man es von einem typischen B-Picture erwarten konn-

te, beschränkten sich die Modernisierungen dabei natürlich auf reine Äußerlichkeiten. Daß sich Horrorfilme primär an die Jugend richteten und von daher an den neuen Zeitgeist angepaßt werden mußten, diese Einsicht verdankten Arkoff und Nicholson nicht irgendwelchen profunden Einsichten in gesellschaftliche und psychologische Zusammenhänge, sondern schlicht und einfach einer Marktanalyse. Dennoch ist es bezeichnend, daß der erste und erfolgreichste dieser Teenage-Filme, *I Was a Teenage Werewolf*, ausgerechnet einen Mythos in sein Zentrum stellte, dem im Horrorfilm bislang nur eine Nebenrolle zugekommen war.

Exkurs: Der Werwolf, Dr. Jekyll und Mr. Hyde

Mehr noch als die Geschichten um Dracula und Frankenstein nimmt der Werwolf-Mythos den Begriff des Halbwesens wörtlich. In ihm sind die verschiedenen Pole (Gut/Böse, Normalität/anderer) nicht auf zwei verschiedene, voneinander getrennte Figuren verteilt, sondern in ein und derselben Person verschmolzen. Die Konsequenzen liegen auf der Hand: Wo sich der Vampir ohne Schaden für das System zerstören läßt, ist das im Fall des Werwolfs nicht so ohne weiteres mehr möglich. Tötet man den *Teenage Werewolf*, bringt man auch den Menschen Michael Landon um; stirbt der *Wolf Man*, stirbt mit ihm auch der immer freundliche Larry Talbot. Damit steht der Werwolf-Mythos natürlich ungleich dichter an der Realität als ein Stoff wie Dracula; die Normalität ist nicht mehr unerschütterlich, sondern nimmt selbst bedrohliche Züge an.

Ganz folgerichtig steht im Werwolf-Mythos und seinen Varianten stets die Transformation im Mittelpunkt. Das Danach interessiert nur selten; einmal erschienen, ist der Werwolf nichts weiter als ein grausames, sinnlos mordendes Tier. Weder besitzt er die verführerischen Qualitäten des Vampirs noch richtet sich seine Aggression dabei auf ein bestimmtes Ziel. Folgerichtig ist die Transformation in aller Regel das Ende der Geschichte: Die Träume in *The Company of Wolves* (Die Zeit der Wölfe) schließen mit der Erscheinung des Wolfes; *The Howling* (Das Tier) kreist einzig und allein um die Effekte von Rob Bottin, der

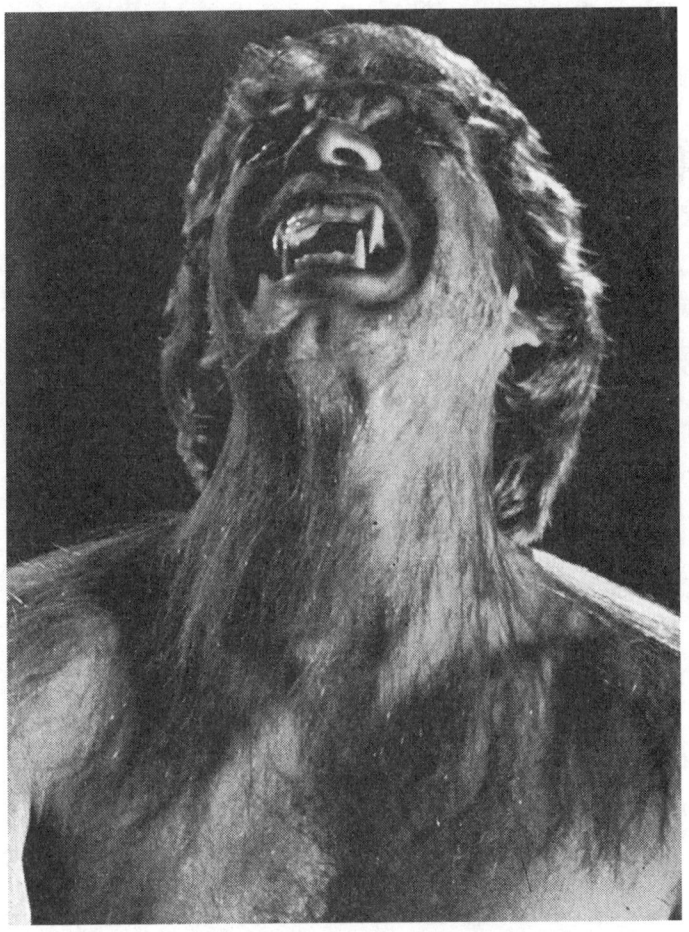

Transformation als Zentrum – Christopher Stone in ›The Howling‹

Rest ist wenig mehr als eines jener Zitatenpotpourris, die Regisseur Joe Dante für gewöhnlich mit einem dramaturgisch schlüssigen Plot verwechselt.

Es gab natürlich einige Versuche, das bewährte freudianische Schema auf den Werwolf zu übertragen. In George Waggners *The Wolf Man* (Der Wolfsmensch) verliebt sich Larry Talbot (Lon Chaney jr.), der linkische Sohn eines walisischen Adligen, in das »verbotene«, weil bereits verlobte und überdies dem Proletariat zugehörige Mädchen Gwen (Evelyn Ankers). Die alte Zigeunerin Maleva (Maria Ouspenskaya), die Curt Siodmaks Skript nur zu deutlich als Mutterersatz für Larry ausweist, versucht Larry zu warnen, doch vergeblich. Von einem Werwolf gebissen, hüllt sich Larry dank einiger Überblendungen und der Talente von Jack Pierce in ein Fell aus Yak-Haar und holt sich Gwen auf seine Weise.

Deutlicher als in *The Wolf Man* und seinen Nachziehern taucht die mahnende Absicht jedoch in einer Variante des Werwolf-Mythos auf. Blieb Larry Talbot stets der große Junge, der nicht so recht wußte, was er da heraufbeschwor, wußte Dr. Henry Jekyll immer sehr genau, was er da tat. Dabei waren seine Motive zunächst durchaus altruistisch: Er will das Böse im Menschen ausmerzen, damit sich das Gute besser entfalten kann. Doch das pure Böse, das bei seinen Experimenten zum Vorschein kommt, Mr. Hyde, erweist sich als mächtiger und ruiniert sein Leben schließlich.

Was Robert Louis Stevensons »Dr. Jekyll und Mr. Hyde« noch auf einem recht allegorischen Niveau behandelte, entwickelte im Kino freilich sehr bald handfeste sexuelle Komponenten, die in der Vorlage so nicht angelegt waren. Rouben Mamoulians *Dr. Jekyll und Mr. Hyde* (Dr. Jekyll und Mr. Hyde), die mit Abstand gelungenste Verfilmung des Themas, beginnt in der Innenwelt von Henry Jekyll (Fredric March). In ihm fahren wir mit einer Kutsche zum Auditorium, mit seinen Augen betrachten wir die Studen-

Stevensons Roman um erotische Gewalt bereichert – Fredric March und Miriam Hopkins in ›Dr. Jekyll and Mr. Hyde‹

ten, die sich die Vorlesung, unsere Vorlesung, anhören wollen. Erst dann, nach einem Schnitt, kehren wir in die Realität zurück und sehen Dr. Jekyll hinter seinem Pult. Auf einem Empfang erfährt Jekyll wenig später, daß die lang ersehnte Heirat mit seiner Verlobten Muriel (Rose Hobart) aufgeschoben ist: Sein Schwiegervater in spe, General Carew (Halliwell Hobbs), besteht darauf, so lange zu warten, bis der Jahrestag seiner eigenen Hochzeit gekommen ist – acht Monate. Während Jekyll daraufhin frustriert durch Soho wandert, trifft er auf die Prostituierte Champagne Ivy (Miriam Hopkins), die nach einer Prügelei mit einem Freier seinen ärztlichen Beistand benötigt.

Ihr schwingendes Bein spricht Bände, doch Jekyll fürchtet um seinen Ruf, verabschiedet sich hastig und eilt, im Geiste immer noch von Ivys Bein verfolgt, in sein Labor. Wieder sind wir in der Innenwelt: Mit Jekyll sehen wir in das Glas hinein, trinken den Inhalt. Dann kreist die Kamera immer schneller um sich selbst, die Realität löst sich für kurze Zeit in Striche auf, Herztöne dröhnen auf der Tonspur. Als sich alles wieder beruhigt hat und wir uns langsam auf den Spiegel zubewegen, starrt uns eine affenähnliche Fratze an. Der andere im Inneren ist ans Tageslicht getreten, und er wird tun, was Jekyll aus Furcht um seinen guten Ruf nicht gewagt hat: ohne Hut hinaus in den Regen laufen, Champagne Ivy aufsuchen, mit ihr schlafen, sie

Fredric March in ›Dr. Jekyll and Mr. Hyde‹

vergewaltigen, auspeitschen und sie schließlich ermorden. Der wahre Schrecken, das lehrte Mamoulian den Horrorfilm schon sehr früh, lag im Inneren, nicht im fernen Transsylvanien. Im Grunde waren die Einzelteile, aus denen man einen wirksamen Mythos für die Rock'n'Roll-Ära zusammensetzen konnte, also längst vorhanden. Was jetzt fehlte, war nur noch ein Regisseur, der die verschiedenen Mosaiksteinchen zu einem geschlossenen Ganzen fügte.

Die Gefahr des Sehens: Psycho

Der Teenage Werewolf, Dr. Jekyll und Mr. Hyde, das Bedürfnis nach Realismus, die von Auflösung bedrohte Normalität, all das verband sich schließlich 1960 zu einem Film, der wie kein anderer das Gesicht des modernen Horrorfilms prägen sollte. Standen in den AIP-Filmen Moderne und Klassik noch weitgehend unverbunden nebeneinander, traten sie in Alfred Hitchcocks *Psycho* (Psycho) in bewußten Kontakt. »Auto, Motel, Polizist, Straße, Büro, Geld, Detektive etc. – das sind Zeichen der gegenwärtigen, realen Positivität, der Versagung; Villa (= Spukschloß), ausgestopfte Tiere, Mumie, Treppen, Messer, falsche Kleider – das sind Zeichen aus einem Vorrat gotischer Vergangenheitsabbildungen, des Versagten. Erst durch den Dialog dieser beiden Zeichensysteme, durch ihre nicht aus Analogien, sondern aus Widersprüchen entstehende Beziehung zueinander, entsteht die visuelle Spannung dieses Thrillers, der sich vom Horror-Film nicht nur einige seiner Symbole, sondern ... einige seiner Bewegungsfiguren, seiner Emotionen geborgt hat.«[22]
An der Grenzfläche zwischen diesen beiden Systemen stand eine Figur, in der der andere so dicht hinter der Fassade der Normalität lauerte, daß die Unterschiede nahezu verschwanden. Wurde Norman Bates zum Werwolf, wuchsen ihm keine langen Hauer mehr; sein Mr. Hyde war

Dialog der Zeichensysteme – Anthony Perkins in ›Psycho‹

kein affenähnliches Ungetüm, sondern eine Frau, eine ganz bestimmte überdies: Norman Bates (Anthony Perkins), so erzählt *Psycho,* habe seine Mutter über alles geliebt. Als diese sich jedoch einen anderen Liebhaber suchte, habe er nicht nur den Konkurrenten, sondern auch die betrügerische Mutter[23] in seiner grenzenlosen Eifersucht ermordet.

Norman bereute seine Tat sofort, natürlich. Doch der Mord war nicht mehr rückgängig zu machen. In seiner Not beging er schließlich den ultimativen Inzest: Er verleibte sich die tote Mutter ein. Doch dieser Kannibalismus rächte sich. Wann immer Norman ab sofort fremdzugehen drohte, schritt die Mutter ein und sorgte mit ebenso brutalen

Mitteln dafür, daß die Konkurrentin (Janet Leigh) ihren
»Sohn« nicht mehr belästigte.

Was der klassische Horrorfilm nur sehr verschlüsselt hätte
schildern dürfen, legte *Psycho* dabei offen dar – einschließlich eines zunächst recht merkwürdig scheinenden
Epilogs, in dem ein Psychiater dem Zuschauer das eben
Erlebte aus psychoanalytischer Sicht noch einmal erklärte.
Gerade diese sieben Minuten jedoch, die man Hitchcock
des öfteren ankreidete, waren der Schlüssel zum Erfolg
von *Psycho*. Während Hitchcocks Film seinem Verleih
Millionen einbrachte, verschwand *Peeping Tom* (Augen
der Angst), der fast zur selben Zeit eine erstaunlich ähnli-

*Den Zuschauer nicht ganz so geschickt über die Bedeutung hinwegge-
täuscht wie Hitch – Anna Massey und Karlheinz Böhm in ›Peeping Tom‹*

153

Die Gefahr des Sehens – Vera Miles in ›Psycho‹

che Geschichte ohne dieses kleine Täuschungsmanöver erzählte, für beinahe zwanzig Jahre in der Versenkung.
In bewährter Manier gewährte *Psycho* so Einblick in den Abgrund von Sexus und Gewalt und verstellte ihn doch zur selben Zeit, reduzierte auf einen medizinischen Einzelfall, was in Wirklichkeit ein sehr viel umfassenderes moralisches Problem darstellte. Zugleich entschärfte Hitchcock, der Täuscher par excellence, den Voyeurismus dadurch, daß er ihn zum Thema machte und dabei (sehr ironisch) reflektierte. Immer wieder tauchen leere Augen auf: Die Augenhöhlen von Mutters Mumie; Janet Leighs starrer Blick, als sie tot vor der berüchtigten Dusche liegt; die Glasaugen der toten Vögel, die Norman zu seinem Privatvergnügen ausstopft; vielleicht auch der kreisrunde Bade-

154

wannenabfluß, wenn man das Bild eher symbolisch versteht. Letztlich war Hitchcocks Film damit auch ein Essay über das Sehen und die Gefahren, die es mit sich bringt. Ein Bild konnte den Unterschied zwischen dem linkischen Norman Bates und der mörderischen Mutter ausmachen: In dem Loch in der Wand, durch das Norman Janet Leigh beim Ausziehen zusah, trafen beide mit fataler Wirkung aufeinander.

V. Splatter

All you zombies show your faces
All you people in the streets
All you sittin' in high places
The peace is gonna fall on you

The Hooters

Die Probleme des Horrorfilms begannen mit Herschell Gordon Lewis. 1963 drehte der einstige Englischprofessor und frühere Pornofilmer für 70.000 Dollar einen Film um einen Wahnsinnigen, der die Leiche einer ägyptischen Prinzessin durch einige Organverpflanzungen wieder zum Leben erwecken wollte. Die Story von *Blood Feast* war nicht wirklich neu; neu war nur die Art, wie Lewis sie erzählte: Sein Wahnsinniger plünderte sich nicht durch Friedhöfe, sondern entnahm den Spenderinnen die Organe bei lebendigem Leibe. Halbnah und in der Regel ohne Schnitte konnte der geneigte Zuschauer mitverfolgen, wie jungen Mädchen Zungen aus dem Hals gerissen, Gehirne entfernt und Gliedmaßen systematisch abgetrennt wurden. Es war der Beginn eines neuen, eines anderen Horrorfilms, den man sehr bald mit der lautmalerischen Bezeichnung »splatter movie« umschrieb. Die wenigen Kritiker, die sich in eine Vorführung von *Blood Feast* verirrten, hatten freilich ein ganz anderes Wort für Lewis' Film parat – Gewaltpornographie.

Bis heute hat sich an diesem Vorwurf nichts geändert. Der Splatterfilm dürfte das mit Abstand am übel beleumundetste Genre der gesamten Filmgeschichte sein, Hardcore eingeschlossen. Wieder und immer wieder warnten Boulevardpostillen und Fernsehkommentatoren vor diesem schrecklichen Übel namens Splatter, und als sich schließlich herausstellte, daß all die Warnungen nichts nutzten,

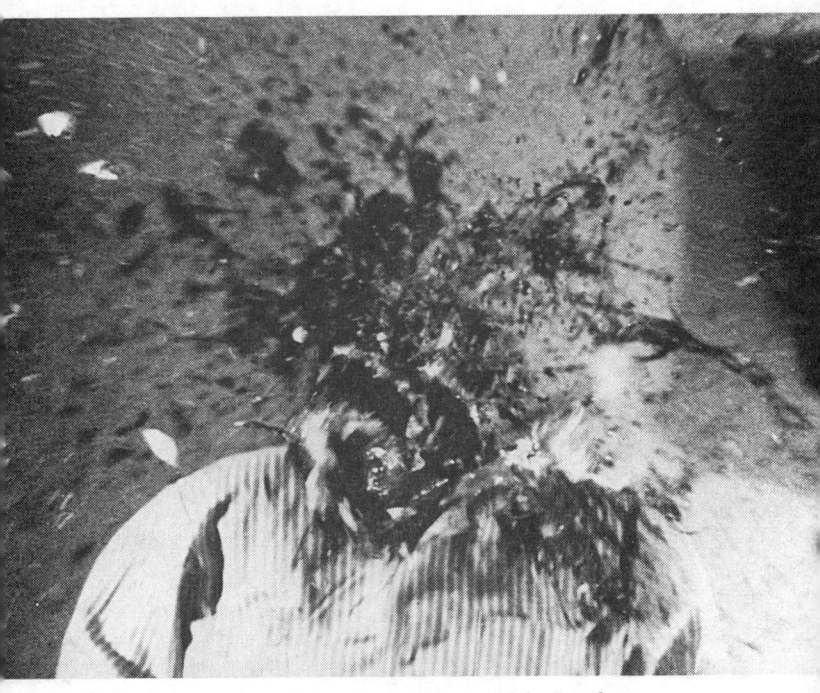

Auflösung in ihrer extremsten Form – ›Dawn of the Dead‹

zwang man den Konsumenten am Ende mit neuen Indizie-
rungsgesetzen zur Vernunft.
Tatsächlich ist dem Vorwurf der Gewaltpornographie auf
den ersten Blick nur schwer zu widersprechen. Dem feinen
Gespinst aus Stimmung und Schock, das den klassischen
Horrorfilm kennzeichnete, hält der Splatterfilm das totale
Sehen entgegen. Demaskierungen spielen in ihm keine
Rolle mehr, weil sich hinter Jasons Hockeymaske allenfalls noch eine Bestätigung des Bösen verbirgt. Die Bilder
sind, was sie sind: Momentaufnahmen der Auflösung in ihrer extremsten physischen Form. Augäpfel verkochen,
lange Bohrer dringen in ein Ohr und kommen auf der anderen Seite wieder heraus, Zombies reißen Bäuche auf

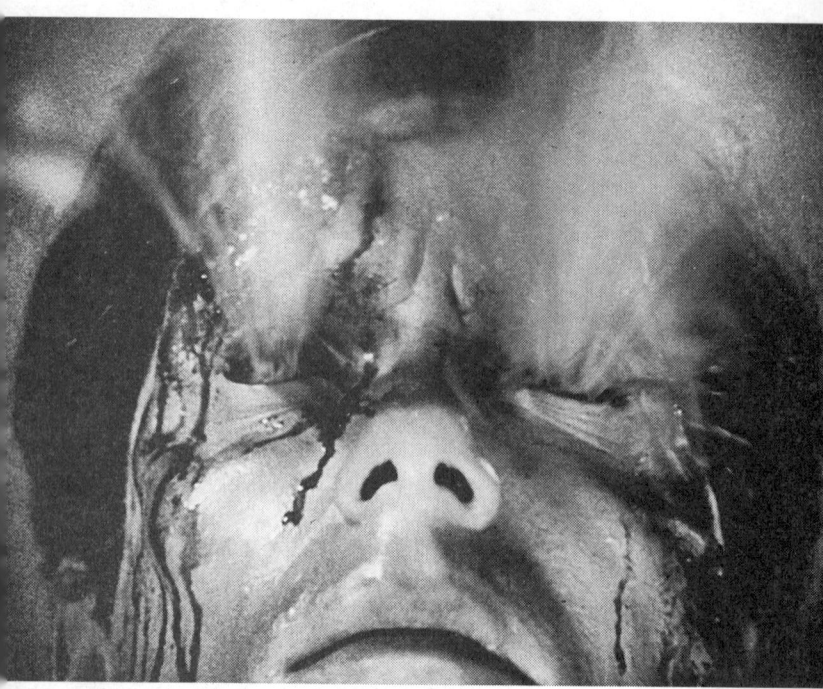

›Scanners‹

und verschlingen vor laufender Kamera die dampfenden
Gedärme. Die Bilder des Splatterfilms sind nicht schön,
und stets bleibt die Kamera länger als unbedingt nötig auf
solchen Abscheulichkeiten hängen. Bezieht man *nur* die
Ereignisse auf der Leinwand in die Diskussion ein, ist es
tatsächlich nicht sehr schwer, im Splatterfilm die Gleichheit von Signifikat und Signifikant und damit die Grund-
voraussetzung jeglicher Pornographie zu entdecken.
Tatsächlich besteht Film jedoch aus mehr als nur den Ereignissen auf der Leinwand; erst im Kopf des Zuschauers
entsteht das eigentliche Filmerlebnis. Allein von daher ist
die Behauptung, der durchschnittliche Splatterfreund sei
nichts weiter als ein debiler Sadist, der sich mit dem Ge-

158

zeigten restlos identifiziert, nicht nur überheblich, sondern schlichtweg falsch. Das beweist nicht zuletzt ein Film wie *Nightmare on Elm Street* (Nightmare – Mörderische Träume), der seine Geschichte genau um jenen Prozeß herum konstruiert, der normalerweise im Kopf jedes einzelnen Zuschauers stattfindet. Die Identifikationsfiguren in *Nightmare* gehen zwar nicht ins Kino, tun jedoch etwas sehr Ähnliches: Sie träumen gräßliche Alpträume, die in ihrer Urform auch in der Wirklichkeit mörderische Wirkung haben. Erst als die Heldin dem Traum schließlich ihre Realität aufzwingt, den toten Kindermörder Freddy Krueger in ihre Wirklichkeit herüberholt, kann sie seine tödliche Macht bannen.

Wozu die stellvertretende Zuschauerin in *Nightmare* lediglich einige Bücher über die Traumrituale der Aborigi-

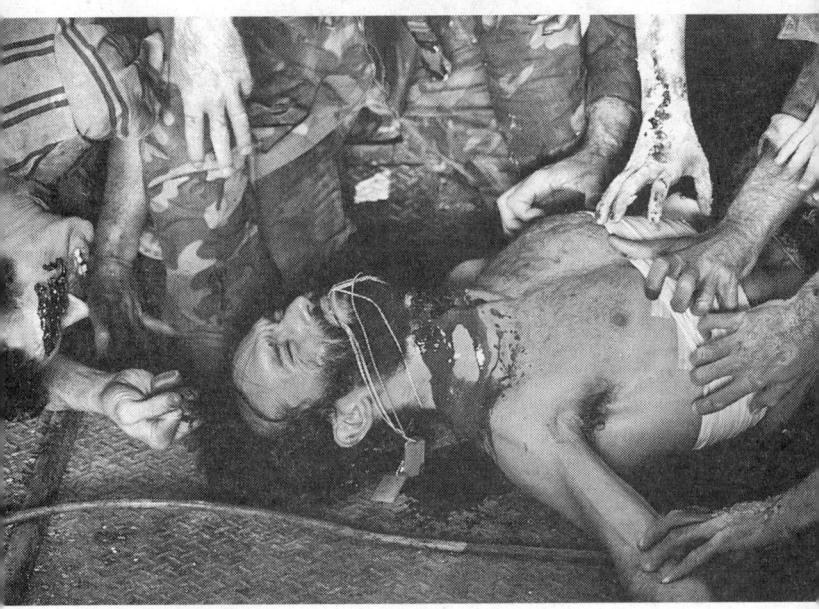

Keine schönen Bilder – ›Day of the Dead‹

nes benötigte, erfordert vom wirklichen Zuschauer freilich wesentlich mehr. Solange der Film selbst noch Geschehen und Bedeutung voneinander trennte, brauchte man nicht zu wissen, wie Boris Karloffs Maske angefertigt wurde; solche Fragen wurden erst akut, als diese beiden Pole dichter zusammenrückten. Letzten Endes ist ein Film wie *The*

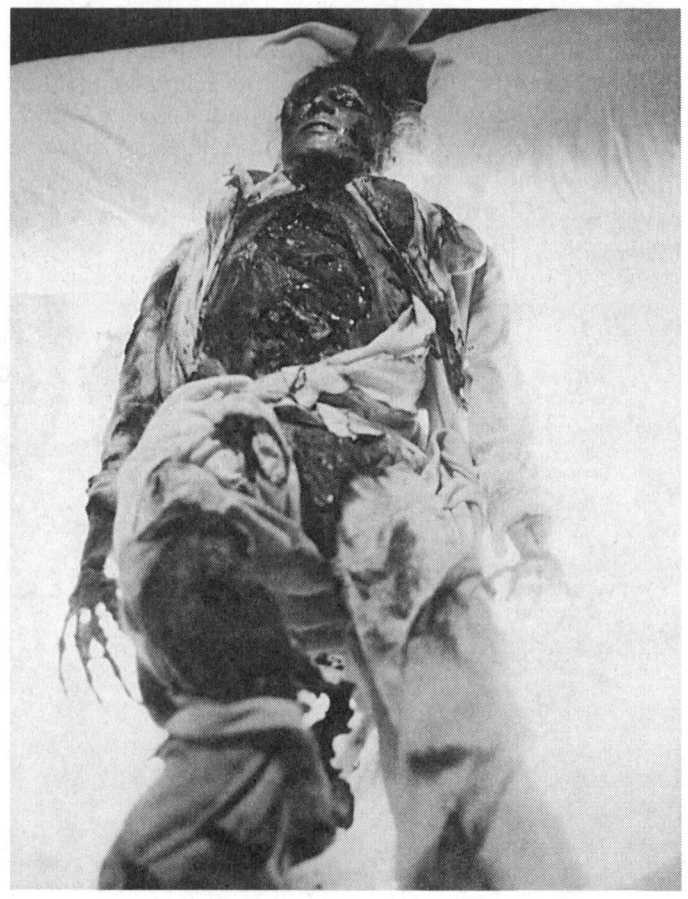

Aufstieg aus der Sphäre des Traums – ›A Nightmare on Elm Street‹

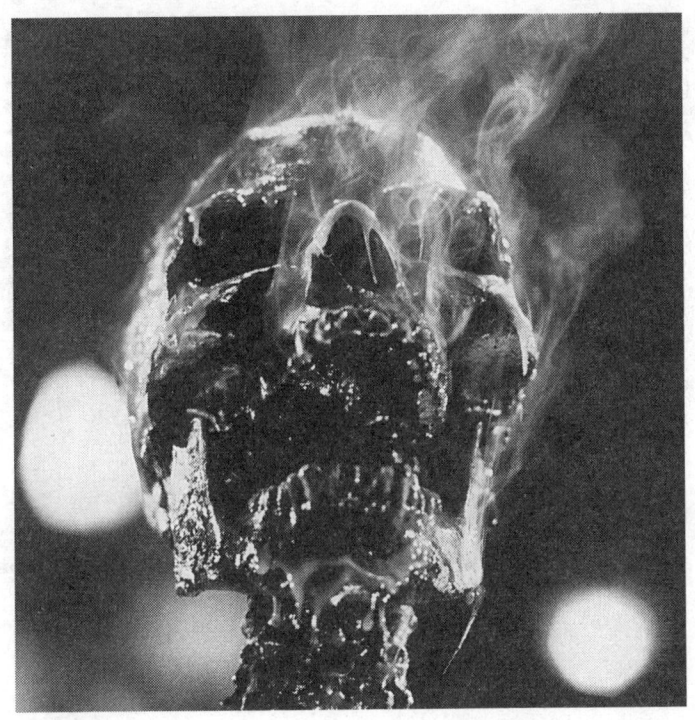

›Fright Night‹

Thing (Das Ding aus einer anderen Welt) wohl nur dann genießbar, wenn man weiß, aus welchen neuen Latexsorten das groteske Maul des Aliens besteht und welcher neue Methylcellulose-Schleim daraus hervorquillt. Ganz folgerichtig haben Zeitschriften wie »Cinefex« oder »Fangoria«, die dem Leser die benutzten Tricks bis ins Detail erklären, in den letzten Jahren eine enorme Blüte erlebt: The medium is the message, mehr noch als für jedes andere Genre gilt dieser Satz McLuhans für den Splatterfilm. Und trotzdem wird ein Zuschauer niemals eine solche neue Bedeutung für sich schaffen können, wenn ihn der Film dabei nicht unterstützt.

›*Zombi 2*‹

Den Beweis dafür liefert einer der meistgeschmähten Regisseure des Splatterfilms, Lucio Fulci. An der Oberfläche ist sein *Zombi 2* (Woodoo – Die Schreckensinsel der Zombies) dabei zunächst nichts weiter als ein primitives *exploitation movie,* dessen Handlung sich in wenigen Sätzen umreißen läßt: Vier Menschen kommen bei der Suche nach einem verschollenen Forscher auf die abgelegene Karibikinsel Matul; man stößt auf eine immer größer werdende Armee aus Zombies; diverse Darsteller segnen das Zeitliche; die letzten Überlebenden können sich wieder auf ihr Schiff retten. Zwischen den verschiedenen Reminiszenzen an *Dawn of the Dead* (Zombie) und die Filme eines Val Lewton regiert dann ein penetranter Zeige-Gestus, eine »pathologische Detailfreudigkeit«[24], die keine Zweifel läßt, die ausführlich und in extremer Nahaufnahme alles zeigt, was es zu zeigen gibt. Dekorativ verweste Konquistadoren erheben sich aus ihren Gräbern; Untote verzehren genüßlich die Eingeweide ihrer Opfer; fasziniert umstreicht die Kamera die eingeweckten Organe früherer Autopsieopfer, bevor sie sich dem eigentlichen Zentrum der Einstellung widmet. Andeutungen folgt so in aller Regel bereits in der nächsten Szene die Bestätigung. Immer wieder schneidet Fulci von ominösen Dialogen (»Ich glaube, die Toten sind nicht tot. Es gibt nichts Totes.«) unmittelbar auf die verweste, von der Kamera beinahe liebevoll umrundete Fratze eines oder mehrerer Zombies. Eine Variante dieses Stilprinzips findet man in der Einleitung, die mehrmals zwischen einer Hubschraubertotalen eines langsam in die Hudson Bay gleitenden Schiffes und einer Halbtotalen des von leeren Coladosen und anderem Zivilisationsmüll übersäten Schiffsdecks hin- und herschneidet.

Sieht man einmal genauer hin, zeigt sich jedoch, daß es Fulci trotz aller billigen Effekthascherei bisweilen durchaus gelingt, seinen eigenen Ansatz zu reflektieren, ironisch mit ihm zu spielen und den Realismus damit teilweise zu entschärfen. So spielen Blicke in *Zombi 2* auch dann eine Rolle, wenn es, zumindest nach den Regeln des Exploitation-Films, gar nichts Aufregendes zu sehen gibt. Als sich eine der Darstellerinnen, Auretta Gay, für einen Tauchgang auszieht, blicken die Protagonisten in langen Zwischenschnitten nicht auf sie, sondern scheinbar ins Leere. Als die Gay in einer Szene auf dem Konquistadoren-Friedhof dann scheinbar in extremer Zeitlupe zur Seite blickt, steht am Ende des Blicks nichts weiter als ein verwitterter Grabstein und ein heidnisches Kreuz. Auch als die vier Hauptdarsteller die augenlose Leiche von Olga Karlatos entdecken, konzentriert sich Fulcis Inszenierung beinahe zur Gänze auf den Blick. Statt sich auf den üblichen Gegenschnitt von der Wirkung auf die Ursache zu beschränken, taucht der Film den Zuschauer in ein wahres

Im Reich der Blicke – Auretta Gay in ›Zombi 2‹

Meer der Blicke und serviert insgesamt nicht weniger als
vier (!) extreme Nahaufnahmen eines Augenpaars.
Dieses Stilprinzip hält *Zombi 2* nicht immer durch. Gerade
das höchst reale Ende (und auch einige von Fulcis späteren
Zombie-Filmen) lassen daran zweifeln, ob dem Regisseur
wirklich bewußt war, was seinen Splatterfilm zumindest
sporadisch funktionieren ließ. Letztendlich liegt die große
Schwäche von *Zombi 2* jedoch nicht darin, daß er die Auflösung im Detail zeigt, sondern darin, daß er keinen tiefe-
ren Grund für eben diese Auflösung bieten kann. Eine
recht poetische, an *Creature of the Black Lagoon* (Der
Schrecken vom Amazonas) orientierte Sequenz, in der
sich Auretta Gay genüßlich auszieht und in den Korallen-
riffen um Matul auf einen Hai sowie einen amphibisch ver-

anlagten Zombie trifft, mag auf einen sexuellen Grund hinweisen; wenig später versucht ein anderer Darsteller wiederum, die Untoten als Relikte einer animistischen Vorzeit zu erklären, die sich für ihre Zerstörung durch die Religion der spanischen Konquistadoren rächt. Alle diese Deutungen bleiben jedoch rudimentär, werden nie konsequent weiterentwickelt und zum Höhepunkt schließlich völlig aufgegeben. Als Zuschauer bleibt man in *Zombi 2* hilflos, weil er kein wirklich praktikables Rezept gegen die Auflösung bietet.

Ungleich präziser in dieser Hinsicht sind die Filme eines anderen Regisseurs, dem die Kritik längst das Etikett »Hitchcock-Epigone« verliehen hat. An der Oberfläche gleichen sich Geschichten und Erzählformen tatsächlich:

Zwangsweise faschistische Attitüden – Richard Johnson in ›Zombi 2‹

Obsession (Schwarzer Engel) ist ein kaum kaschiertes Remake von *Vertigo* (Aus dem Reich der Toten), *Sisters* (Die Schwestern des Bösen) ein Pasticcio von *Psycho, Dressed to Kill* (Dressed to Kill) eine reifere Variante desselben Themas. Ordnet sich bei Hitchcock der Stil am Ende stets dem Inhalt unter, entscheidet sich Brian De Palma im Zweifelsfalle freilich immer für den Stil. *Carrie* (Carrie – Des Satans jüngste Tochter), *The Fury* (Teufelskreis Alpha) oder *Blow Out* (Blow Out – Der Tod löscht alle Spuren) sind Vertreter eines *cinema pur,* das Emotionen allein über extreme optische und akustische Sensationen zu erzeugen versucht: Delirisch umkreist die Kamera am Ende von *Obsession* die beiden Protagonisten, während auf dem Soundtrack ein symphonisches Gewitter niedergeht – Vertigo, Schwindelgefühle, in der Tat.

Man hat De Palma des öfteren vorgeworfen, daß er sich zu sehr für stilistische Raffinessen und zu wenig für seine Figuren interessiert. *Body Double* (Der Tod kommt zweimal) ist wenig mehr als ein parodistischer Essay zum Thema »Die Kamera als Star«; außer stilistischer Masturbation gibt es keinen Grund für die zweimal wiederholte, in extremer Zeitlupe aufgenommene Szene am Ende von *The Fury,* als Amy Irving John Cassavetes buchstäblich zerplatzen läßt.

Doch wie bei Lucio Fulci ist es gerade diese Reflektion des Sehens, die die Filme erst funktionieren läßt. De Palmas Blut ist rot und damit realer als Hitchcocks schwarzes Schokoladenblut; entsprechend deutlicher muß dem Zuschauer gemacht werden, daß er hier nur einen Film sieht. *Carrie* wäre zu real, würde De Palma versuchen, die finale Zerschmetterung der Realität in klassischer Manier über die Montage darzustellen. Als die mit Schweineblut getaufte Sissy Spacek apokalyptische Rache an ihren Peinigern nimmt, verwendet De Palma statt der üblichen Gegenschnitte daher ganz folgerichtig die »aufdringlichere« Split-Screen. Die Leinwand teilt sich, in der einen Hälfte

Margot Kidder in ›Sisters‹

sieht man die Ursache, in der anderen die verheerenden Folgen, sich dabei stets bewußt, daß man ja nur im Kino sitzt.

Interessanter als derlei formale Exzesse, die sich letztendlich nur durch De Palmas intelligente Handhabung von denen eines Lucio Fulci unterscheiden, ist jedoch die folgende Szene aus *Dressed to Kill:* Angie Dickinson, eine frustrierte Ehefrau, hat sich gerade auf den Rat ihres Psychiaters hin einen wildfremden Mann aufgegabelt und mit ihm zusammen den Nachmittag im Bett verbracht. Der Ehebruch ist perfekt, und in seiner Funktion als Wächter der Moral wird sie der Horrorfilm dafür bestrafen. Als Angie

167

Blicke als der eigentliche Hauptdarsteller – Craig Wasson in ›Body Double‹

Dickinson auf den Lift wartet, fährt die Kamera an ihr vorbei auf die blutrot beleuchtete Tür zum Treppenhaus zu. Dann dreht sie sich um und gleitet auf die Wartende zu, näher und näher. Scheinbar in letzter Sekunde geht die Lifttür auf, Angie Dickinson entkommt. Von außen verfolgt die Kamera die sich schließende Lifttür.

In Variationen begegnet man dieser speziellen Szene im Splatterfilm immer wieder: Für eine kurze Spanne gibt die Kamera ihre neutrale Beobachterposition auf und nimmt eine aktive Rolle ein. Der unmittelbare Effekt eines solchen Eingriffs ist dabei natürlich der, daß er die Fiktion als solche entlarvt, dem Zuschauer noch einmal ins Bewußtsein ruft, daß er lediglich einen *Film* sieht. Und trotzdem geschieht in solchen Augenblicken wesentlich mehr: Da das Auge der Kamera immer auch das Auge des Zuschauers darstellt, scheint man plötzlich selber in das Geschehen einzugreifen. Es ist nicht irgend jemand, der Angie Dickinson im Kunstmuseum und vor dem Lift in Augenschein nimmt: es sind wir, die Zuschauer, die in diesem Augenblick ganz plötzlich zu Voyeuren werden.

Das kann nicht ohne Folgen bleiben. Angie Dickinson ist und bleibt für Jekyll unerreichbar. Während er auf die Tür zum Treppenhaus zugeht, geschieht das Unvermeidliche. Jekyll verwandelt sich in Hyde, dreht sich um, geht drohend auf Angie Dickinson zu und vergewaltigt sie wenig später symbolisch mit einer Rasierklinge. Der Unterschied liegt darin, daß die Doppelperson Jekyll/Hyde im Splatterfilm nicht mehr auf der Leinwand existiert, sondern über die subjektive Kamera in den Zuschauer hineinprojiziert wird.

Ein Entrinnen gibt es so nicht mehr. Erscheint der Zuschauer (und damit das System) selbst als ein solches Doppelwesen, ist die Gewalt allgegenwärtig. Als Nancy Allen, eine Edelprostituierte, die den Mord an Angie Dickinson beobachtet hat, vor dem Mörder in die U-Bahn flüchtet, lauert dort bereits eine neue Bedrohung auf sie.

Auch die Vernichtung Hydes ist damit nicht mehr möglich, weil sie ja zugleich das Ende Jekylls bedeuten würde. Ganz folgerichtig enden viele Splatterfilme in der Apokalypse: Michael Caine mag in der Irrenanstalt eingesperrt sein, doch sein Geist lebt weiter, im System, in den Zuschauern, in den Helden. Das Happy-End von *Dressed to Kill* ist nur ein scheinbares; in ihren Träumen erfährt Nancy Allen das sehr drastisch.

Die große Entscheidung, vor die sich jeder Splatter-Regisseur gestellt sieht, ist letztlich die, ob er diese Zusammenhänge anerkennen oder einfach leugnen soll. Präzise hier liegt der Unterschied zwischen *Dressed to Kill* und *The Texas Chainsaw Massacre* auf der einen, und *Friday the 13th* und *Alien* (Alien – Das unheimliche Wesen aus einer fremden Welt) auf der anderen Seite. Begnügen sich De Palma und Hooper mit einer analytischen Beschreibung der Zustände, versuchen Cunningham und Scott eine Kur gegen die Auflösung der Gesellschaft anzubieten.

Satan und die Aliens: Der reaktionäre Splatterfilm

Will ein Regisseur eine solche Kur offerieren, bleibt ihm letzten Endes nur ein einziger Ausweg. Er muß die beiden untrennbaren Teile voneinander trennen, Hyde als eigenständiges und damit ohne Gefahr für Jekyll zerstörbares Wesen definieren.

Genau dies geschieht in *The Exorcist* (Der Exorzist), dem bis heute erfolgreichsten ernsten Horrorfilm aller Zeiten. Unter der trügerischen Oberfläche raffinierter Manipulationen verknüpfen William Friedkin und William Peter Blatty das Auftreten Hydes direkt mit familiären und sozialen Auflösungserscheinungen: Der geschiedene Vater hat sich seiner Tochter so weit entfremdet, daß er sie nicht einmal an ihrem Geburtstag anruft; die Mutter ist Schauspielerin, selten zu Hause und momentan gerade mit den Dreharbeiten zu einem Film über die Studentenrevolte beschäftigt.

Das Ergebnis dieser zerstörten Familie ist ein gestörtes, frühreifes Kind. »Schatz, dafür braucht man zwei«, meint

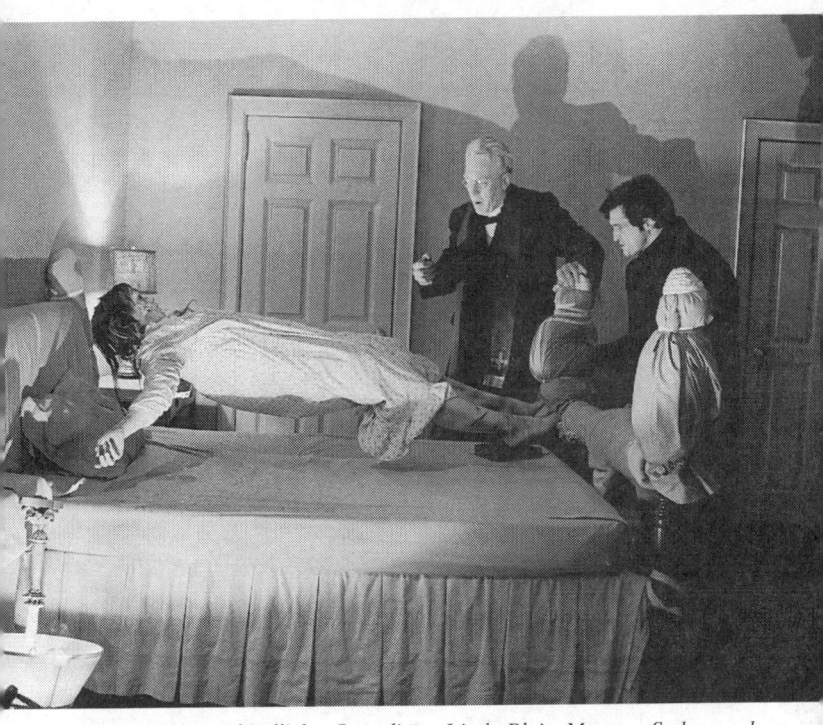

Der Exorzismus kindlicher Sexualität – Linda Blair, Max von Sydow und Jason Miller in ›The Exorcist‹

Ellen Burstyn zu Anfang, als ihr Linda Blair ihr neues Spielzeug, ein Ouija-Brett, vorführt. »Nö, ich spiele immer alleine«, lautet deren Antwort. Wenig später schwebt sie einen Meter über dem Bett, masturbiert mit blutigen Kruzifixen und gibt mit der Stimme Mercedes McCambridges recht farbenfrohe Obszönitäten von sich.

Die Parallelen zur Wirklichkeit des vergangenen Jahrzehnts waren zu offensichtlich, als daß sie der durchschnittliche Zuschauer übersehen konnte. Linda Blair war das bislang so nette Kind, das plötzlich wie aus heiterem Himmel gegen die Eltern rebellierte, mit exotischen Dro-

Die einfachste Antwort: The devil made her do it – Linda Blair in ›The Exorcist‹

gen experimentierte und unter dem Banner der »freien Liebe« zum Sturmlauf gegen Institutionen und Instanzen antrat. Statt die wahren Gründe hinter diesem Ausbruch auszuloten, betrachtete ihn *The Exorcist* jedoch mit dem größten nur denkbaren Entsetzen und schrieb ihn kurzerhand dem Wirken einer außenstehenden Macht zu. Der Teufel war in Linda Blair geschlüpft und hatte sie gezwungen, so zu handeln.

Auf einmal war nun möglich, woran man in der Realität trotz heftiger Bemühungen kläglich gescheitert war: die Vernichtung (also: die neuerliche Repression) Hydes, die Rückkehr zu einer »intakten« Gesellschaft, wie sie vor Haight-Ashbury, Vietnam und Paris 1968 existiert hatte. Alles, was man dazu brauchte, war ein Exorzist.

Der Coup-de-grâce bestand dann im Beweis, daß sich der Glaube durchaus mit der Ratio des 20. Jahrhunderts vereinen ließ, daß es sogar Bezüge geben mußte. Wie die kriminalistischen Deduktionen des Polizisten, die CAT-Scans und Rückenmarkspunktionen der Ärzte versagen in *The Exorcist* auch die Methoden des klassischen Priesters (Max von Sydow); erst dem jungen, etwas rebellischen Pater (Jason Miller) gelingt der Exorzismus schließlich. Es ist mehr als nur ein *in-joke,* wenn Jason Miller ausgerechnet von Lee J. Cobb zu hören bekommt, daß er eigentlich genauso aussehe wie der einstige Rebell Marlon Brando in *On the Waterfront* (Die Faust im Nacken).

Im Grunde unterschied sich *The Exorcist* damit kaum von den klassischen Horrorfilmen. Da wie dort traten die ver-

Zwei gleiche und doch unterschiedliche Konzepte – Jason Miller und Max von Sydow in ›The Exorcist‹

drängten Triebe in pervertierter Form erneut ans Tageslicht, um schließlich erneut verdrängt zu werden. Wo *Dracula* jedoch nur Antwort auf ein potentielles Problem bot,
gab *The Exorcist* vor, eine Antwort auf ein tatsächliches
soziales Problem parat zu haben. Der klassische Horrorfilm war ein Präskript, der reaktionäre Splatterfilm dagegen ist ein Postskript.

Ein Postskript allerdings, in dem die Distanz zwischen Jekyll und Hyde oftmals enorm variiert. Bis auf den prätentiösen Schluß und jene Szene, in der der Geist des toten
Grady den eingesperrten Jack Nicholson befreit, ist *The
Shining* (Shining) ein nahezu perfektes Beispiel für einen
apokalyptischen Splatterfilm, in dem der Schrecken einzig
und allein der Familie entstammt. Dagegen beginnt *Poltergeist 2: The Other Side* (Poltergeist 2: Die andere Seite)

Wiedergeburt der Familie – Jo Beth Williams in ›Poltergeist‹

174

zwar mit einer defekten Familie; in der Folge projiziert Brian Gibson die beiden Hälften allerdings sehr schnell auf zwei Außenstehende: einen guten indianischen Über-vater und einen bösen Sektenprediger, dessen einziger Be-zug zur Familie darin besteht, daß er der Tochter ein ähn-liches Lied vorsingt wie der Vater. *Poltergeist* (Poltergeist) wiederum spielt kurz mit der Idee, das Fernsehen als Grund der Auflösung zu bezeichnen, begnügt sich dann aber mit der Geschichte einer intakten Familie, die von einem gänzlich externen Bösen auseinandergerissen und schließlich dank ihrer Liebe füreinander aus dem Schoße eines Astralmonsters wiedergeboren wird.

Ein neuer Archetyp konnte auf diese Weise nicht entste-hen. *The Exorcist* und *Poltergeist* bestätigten zwar die Ideale der älteren Generation (präzise der Grund für ihren kommerziellen Erfolg: sie besitzen den sogenannten *cross-over appeal*). Da sie ihre Geschichten jedoch vornehmlich aus dem Blickwinkel der Erwachsenen erzählten, mußte es dem eigentlichen Zielpublikum, den Jugendlichen, schwerfallen, die Botschaft solcher Filme auf sich selbst anzuwenden.

Mehr Erfolg in dieser Hinsicht hatten daher die *slasher movies,* Variationen zum Thema »Jack the Ripper«. Auch *Halloween* identifiziert den Zuschauer mit Jekyll und Hy-de. In einem langen *tracking shot* sehen wir durch den Schlitz einer Maske einem Mädchen zu, das sich gerade mit ihrem Freund auf dem Sofa vergnügt. Dann schleichen wir durch das Haus, finden das Mädchen vor dem Spiegel, erstechen es brutal und laufen schließlich auf einen Wagen zu, dessen Insassen uns die Maske herunterreißen. Der Gegenschnitt bestätigt dann noch einmal die Auflösung der Familieneinheit. Der Mörder ist ein sechsjähriges Kind.

Statt diesen Ansatz konsequent weiterzuverfolgen, defi-niert John Carpenter seinen Antihelden jedoch unmittel-bar darauf als schwarzen Mann, als keltischen *samhain:*

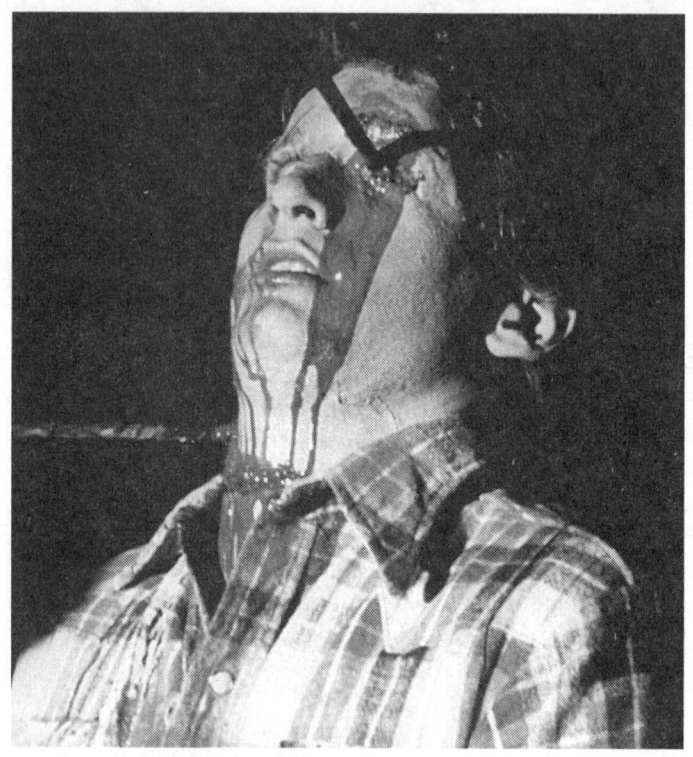

Strafe für die Promiskuität – ›Friday the 13th‹

ein unzerstörbares, allgegenwärtiges Instrument der Repression. Teenager, die sich des Nachts mit ihrem Freund ein paar vergnügte Stunden machten, starben wie die Fliegen unter seinen Messerstichen. Die unschuldige Jamie Lee Curtis, die sich zunächst noch so sehr schämte, keinen Freund zu haben, überlebte.

Was in *Halloween* lediglich unbewußtes Resultat von John Carpenters erstaunlicher ideologischer Naivität gewesen war, entwickelte sich mit *Friday the 13th* dann zur gültigen Aussage. Der maskierte Killer im Camp Crystal Lake

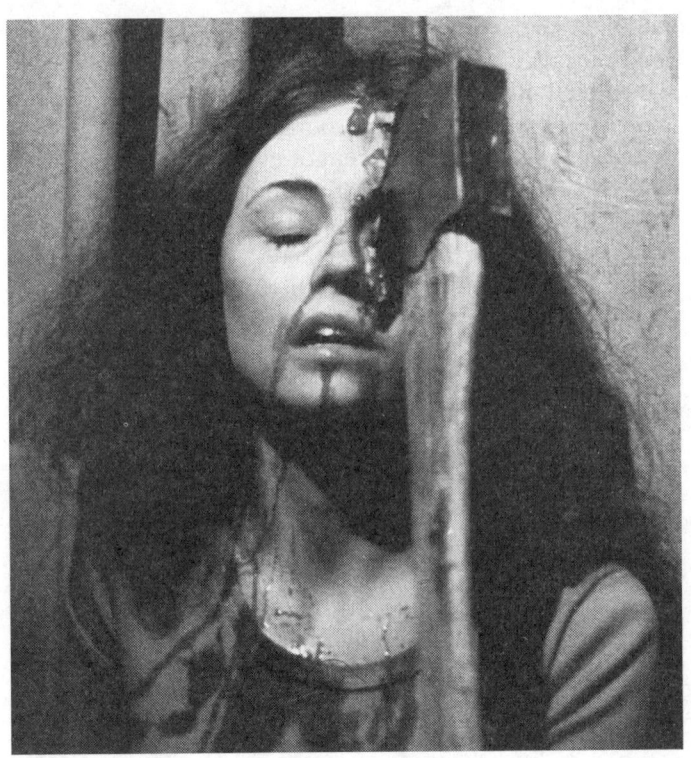

›Friday the 13th‹

brachte Studenten deshalb um, *weil* sie gerne nackt badeten, *weil* sie gerne Strip-Monopoly spielten. Fortan massakrierte der »Slasher« Teenager, die auf der Toilette in tiefen Zügen ihren Joint genossen *(Friday the 13th Part 3/* Und wieder ist Freitag, der 13.); Frauen, die sich zu sehr emanzipiert hatten *(Visiting Hours*/Das Horror-Hospital); Stars, die dem Bild, das sich der Fan von ihnen machte, nicht entsprachen *(The Fan*/Der Fanatiker). Wo auch immer puritanische Regisseure den Grund für die Auflösung der Gesellschaft vermuteten, schlug der verrückte Killer zu. Daß sich die Filme glichen wie ein Ei dem anderen, war ganz natürlich. Als Splatterfilme funktionierten die Geschichten um Jason und Michael Myers nicht nur durch das Was, sondern auch das Wie der Erzählung. Der Mythos des Slashers ist ungleich strenger definiert als ein Mythos wie Dracula: Will man Stoker verfilmen, kann man so viele formale und thematische Variationen unterbringen, wie man will, solange die Geschichte selbst unverändert bleibt. Im reaktionären Splatterfilm jedoch bedeuten diese Variationen den Unterschied zwischen williger Mitarbeit des Zuschauers und völligem Desinteresse.

Maniac (Maniac) zum Beispiel ist ein in jeder Hinsicht intelligenterer Film als *Friday the 13th*. Wo Cunninghams Bilder stets ein wenig an die E. C.-Comics erinnerten, betrachtete William Lustig die Untaten seines Mörders jedoch mit beinahe dokumentarischer Sachlichkeit. Eben dieser Realismus aber raubte dem Zuschauer jede Möglichkeit, das Geschehen als Spielwiese eines Maskenbildners zu deuten: *Maniac* erwies sich als katastrophaler Flop, die Produzenten merkten auf, und alle nachfolgenden Slasherfilme glichen sich womöglich noch deutlicher als zuvor.

Daß es dennoch möglich ist, einen intelligenten reaktionären Splatterfilm zu drehen, beweist Ridley Scotts *Alien*. Der Plot ist simpel, *Halloween* im Weltraum: Sieben Astronauten nehmen einen fremden Organismus an Bord, der sie einer nach dem anderen umbringt. Was *Alien* von seinen direkten Vorbildern *It! The Terror from Beyond Space* und *Terrore nello spazio* (Planet der Vampire) unterscheidet, ist nicht so sehr die formale Raffinesse Ridley Scotts, die klaustrophobische Stimmung oder die Herztöne im unteren Hörbereich, als seine außerordentliche präzise Psychologie.

So bilden die sieben Astronauten keine bunt zusammengewürfelte Mannschaft, sondern eine regelrechte Familieneinheit. Love-Storys oder auch nur entfernt sexuelle Beziehungen zwischen den einzelnen Besatzungsmitgliedern gibt es nicht, weil sie in psychologischer Hinsicht allesamt noch Kinder sind; in beinahe jeder Hinsicht abhängig von »Mutter«, dem Bordcomputer der Nostromo, der sie aus dem Hyperschlaf weckt und ihnen Mahlzeiten zubereitet. Sogar einen elektronischen Vater gibt es: Im Laufe der Geschichte wird sich der Wissenschaftsoffizier Ash (Ian Holm) als Roboter erweisen.

Zu Beginn des Films stürzt Mutter, ganz die böse Stiefmutter aus dem Märchen, ihre Kinder in eine neue, bedrohliche Welt. Einem außerirdischen Funksignal folgend, stoßen die Astronauten auf ein fremdartiges Raumschiff. Mit

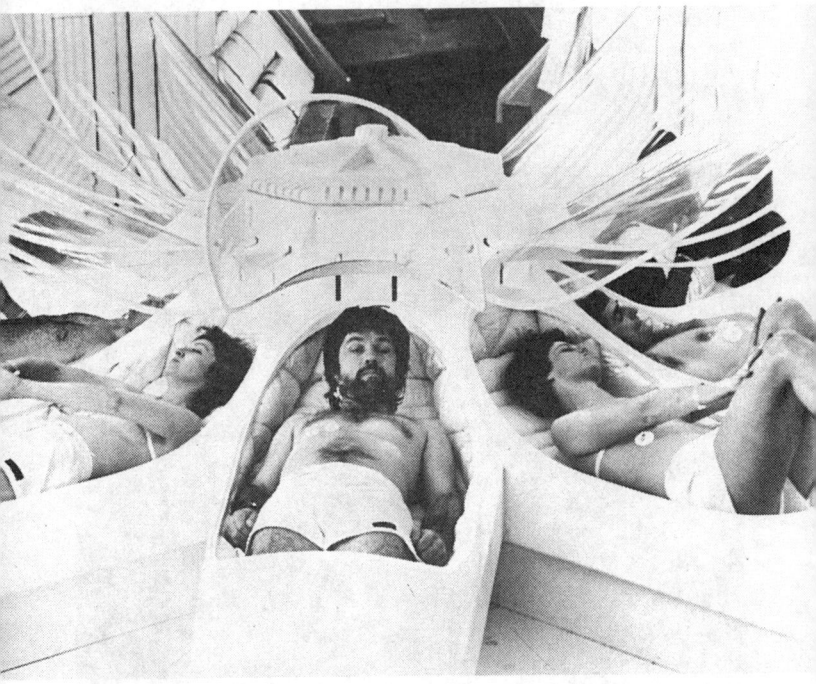

Mutter weckt ihre Kinder – Veronica Cartwright, Tom Skerritt, Sigourney Weaver und Harry Dean Stanton in ›Alien‹

dem ersten Blick (»Was ist es? So etwas habe ich noch nie gesehen.«) auf das biomechanische Design H. R. Gigers wird die Natur der Bedrohung klar: Die Luke des fremden Schiffes gleicht einer riesigen Vagina, im Inneren findet man eine Höhle mit Tausenden von Eiern. Daß diese Se-

Die Höhle des Eros – ›Alien‹

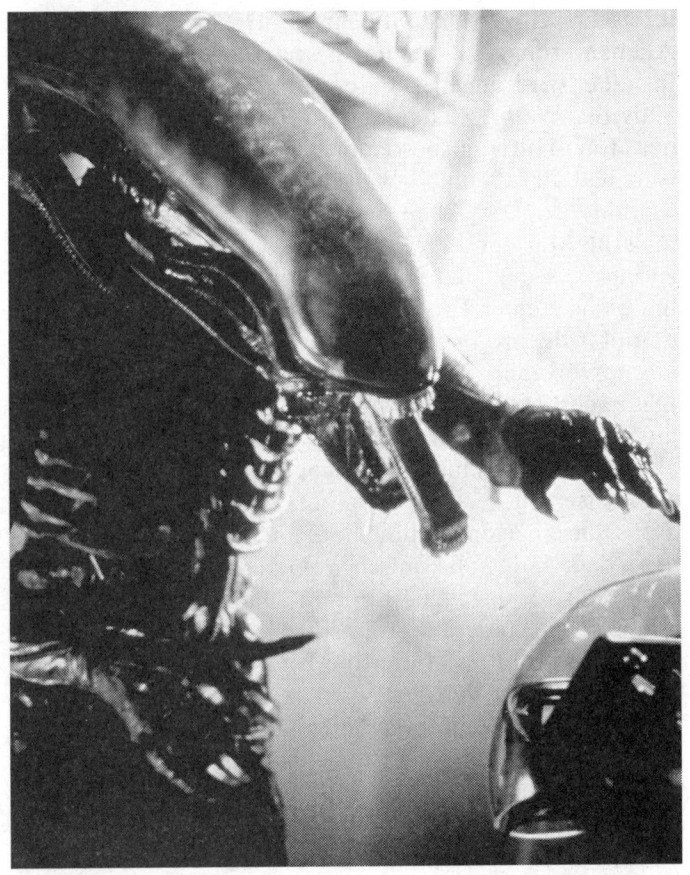

Perfide Dämonisierung der Sexualität – Das Monster in ›Alien‹

xualität tödlich sein kann, beweist das riesige Skelett eines
Außerirdischen. Die Frage ist, wer von den sechs Kindern
die neue Sexualität – später wird sie die Form eines monströsen Riesenpenis mit kombinierter Vagina dentata annehmen – wieder verdrängen kann.
Aus dem reaktionären Blickwinkel des Films sind die wei-

teren Ereignisse absolut logisch: Die ersten Opfer des Aliens werden jene beiden Astronauten, die ihre Sexualität nicht verdrängen, sondern ausleben – noch dazu auf »falsche« Weise. So deutet das affektierte Benehmen Kanes (John Hurt), insbesondere die Art, wie er seine Zigarette hält, darauf hin, daß er, burschikos ausgedrückt, eine »Tunte« ist. Der Alien bestraft ihn dafür, indem er ihn quasi als Mutter mißbraucht: Ein polypenähnliches Wesen springt aus dem ledrigen Ei, umschlingt Kanes Gesicht und pflanzt einen Embryo in dessen Bauchhöhle, der kurz darauf in der grotesken Travestie einer Geburt wieder daraus hervorbricht.

Das nächste Opfer, der zweite Ingenieur Brett (Harry Dean Stanton), ist zwar nicht gerade homosexuell, tendiert aber doch zu Männerfreundschaften. Brett hält sich vorzugsweise mit seinem Vorgesetzten im Maschinenraum auf; seine einzigen Kommentare auf die Bemerkungen seines Chefs sind ein lakonisches »Genau«.

Opfer Nr. 3 dagegen, Captain Dallas (Tom Skerritt), scheitert auf andere Art am Problem der Sexualität. Er bleibt das Kind und bittet die Eltern um Rat – natürlich vergebens. Ash, der den Alien an Bord gelassen hat, hat keine neuen Erkenntnisse anzubieten, Mutter antwortet mit einem sardonischen »Does not compute«. Auch die nächsten beiden Astronauten scheitern: Lambert (Veronica Cartwright), ohnehin ständig am Rande eines Weinkrampfs, gefriert in Panik; Parker (Yaphet Kotto) wiederum, der schwarze Macho, der so aufdringlich mit dem Flammenwerfer hantiert, daß man diesen gar nicht anders denn als Phallussymbol verstehen kann, stirbt an seiner eigenen Virilität.

Damit liegt die Verdrängung der Sexualität bei Ripley (Sigourney Weaver), dem dritten Offizier. *Alien* läßt keinen Zweifel daran, daß er Ripley als voll emanzipierte Frau verstanden wissen will, die ihre Autorität durchaus einzusetzen weiß und im Gegensatz zu Lambert niemals die

Kontrolle über sich verliert. So kühl und reserviert sie sich ihren Kollegen gegenüber gibt, zeigt sie aber auch als einzige echte Emotionen. Als Mutter die Sekunden bis zur atomaren Selbstvernichtung herunterzählt und die Zeit bereits knapp wird, ist es Ripley, die ins Cockpit zurückkehrt, um die Bordkatze Jones zu retten.

Mehr als einmal weist *Alien* auf die Beziehung zwischen Jones und dem Außerirdischen hin. Wo der Suchtrupp den Alien erwartet, findet er die Katze; Brett wiederum, der allein nach »Jonesy« sucht, findet den Alien.

Tatsächlich sind beide zwei Seiten derselben Medaille: Steht der Außerirdische für die Bedrohlichkeit des ungehemmten Eros, symbolisiert Jones die domestizierte Se-

Yaphet Kotto und Veronica Cartwright in ›Alien‹

183

xualität, noch immer geheimnisvoll, aber nicht mehr bedrohlich.

Bevor Ripley nach Jones' Bilde ihre eigene Sexualität verdrängen kann, muß sie sie jedoch erst wirklich finden, und wie in jedem Märchen bedeutet das zunächst die Loslösung von den Eltern. Ripley entlarvt Ash, vernichtet Mutter und flüchtet zusammen mit Jones in einem kleinen Shuttle. Doch im Gegensatz zu *La Belle et la Bête* verwandelt sich der Alien an dieser Stelle nicht in einen schönen

Domestizierte Sexualität – Sigourney Weaver in ›Alien‹

Prinzen. Als sich Ripley langsam auszieht, nun endlich eine Frau, taucht wie als Mahnung der Alien noch einmal auf. Sie zieht die Konsequenzen, schlüpft in einen voluminösen Raumanzug, der ihre Weiblichkeit völlig verbirgt, und schleudert den Alien hinaus ins All, wo er im Feuer der Triebwerke verbrennt.

Um ihre neugefundene Sexualität wirksam zu verdrängen, reicht die Selbstbeherrschung, die sie früher vor dem Alien beschützt hat, nun aber nicht mehr aus. So tut Ripley das vom Standpunkt des Films aus einzig Richtige: Sie zieht sich in die eisige Kälte des Hyperschlafs zurück. Sieben Jahre später wird *Aliens* (Aliens – Die Rückkehr) dann davon erzählen, wie Ripley eine Adoptivtochter findet, sie mit allen Mitteln gegen eine böse Alien-Mutter verteidigt und zu guter Letzt eine Familie gründet, die sich unmittelbar danach erneut in den Hyperschlaf zurückzieht.

Gar so klar wie in *Alien* hebt sich der reaktionäre Splatterfilm freilich nur selten vom apokalyptischen ab. So liegt der Reiz der Filme David Cronenbergs nicht zuletzt darin, daß sie beide Richtungen radikal zu vereinen versuchen: *Shivers* (Parasiten-Mörder), *Rabid* (Rabid – Der brüllende Tod) und *The Brood* (Die Brut) beschreiben folgenschwere Eingriffe irregeleiteter Wissenschaftler in die delikate Balance von Körper und Geist, Es und Über-Ich, Hyde und Jekyll. Am Anfang dieser cartesianischen, von Körperflüssigkeiten und Zusatzorganen regelrecht faszinierten Filme stehen gewöhnlich Eingriffe in diesen Mikrokosmos, die bald schon im Makrokosmos katastrophal widerhallen; ein Chaos, das sich auch in der elliptischen Struktur der Filme spiegelt. In *Shivers* pflanzt ein Arzt seiner Geliebten einen Parasiten ein, der ursprünglich nur als Ersatz für versagende Organe dienen sollte. Statt dessen verwandelt er die Patientin jedoch in einen rasenden *sex maniac,* der nach und nach die Bewohner des luxuriösen Starliner-Komplexes mit dem phallusähnlichen Parasiten

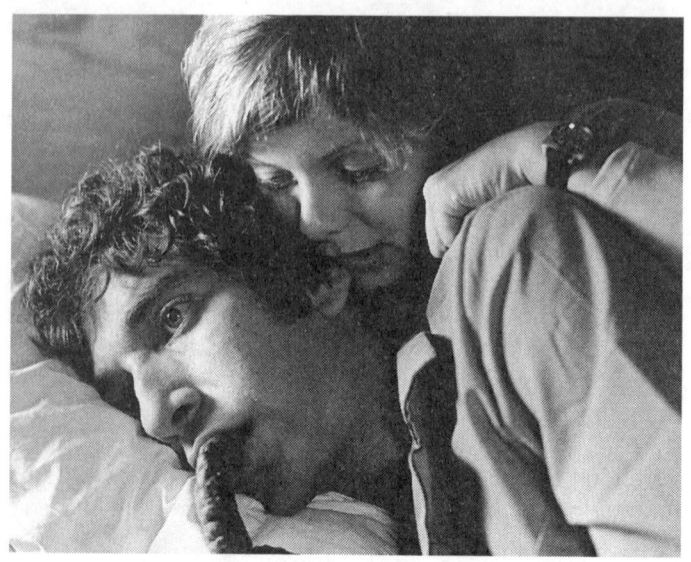

Die fatalen Resultate unausgeglichener Balance – ›Shivers‹

infiziert. Ähnliche Resultate zeitigt eine Gewebetrans-
plantation, die Rose, der Hauptfigur von *Rabid,* ein zu-
sätzliches Organ in der Achselhöhle beschert. In *The
Brood* wiederum, einer Allegorie auf den Zusammenbruch einer Ehe, die Cronenberg mit einigem Recht als
seine Antwort auf *Kramer vs. Kramer* bezeichnet, exter-
nalisiert eine Hausfrau auf den Rat des Psychoplasmics-
Professors Hal Raglan ihre negativen Gedanken und setzt
damit eine Horde geistloser Killerkinder in die Welt; Produkte ihres aggressiven, bis dato unterdrückten Es, die
sich sogleich ans mörderische Werk machen.
Im Gegensatz zu *The Exorcist* verzichtet Cronenberg damit auf das Konzept eines total externen Hyde. Ganz folgerichtig enden seine Filme daher regelmäßig in der Apokalypse, wenngleich sich der Regisseur im Laufe seiner
Karriere vom eher abstrakten Zusammenbruch des Sy-

stems *(Shivers, Rabid)* zur leichter erfahrbaren Tragödie des einzelnen *(The Dead Zone*/Dead Zone – Der Attentäter, *The Fly*/Die Fliege) fortentwickelt hat. Zugleich sind Cronenbergs Filme damit aber auch die reaktionärsten unter den reaktionären Splatterfilmen, geprägt von einem überwältigenden Pessimismus, der darauf besteht, daß der Körper stets der Stärkere ist. Insofern kann auch die Lösung, die Cronenberg für das Problem anbietet, nur eine extrem radikale sein. In *Videodrome* (Videodrome) und insbesondere *The Fly* genügt es nicht mehr, daß der Held seine Sexualität verdrängt. Um die langsam nach außen dringende Fliege in seinem Leib zu vernichten, muß Jeff Goldblum seine Sexualität restlos ausmerzen, mit seiner schwangeren Freundin via Teleporter zu einer androgynen Einheit verschmelzen: dem »Neuen Fleisch«, der totalen Familie. Da eine solche Verschmelzung aber auch

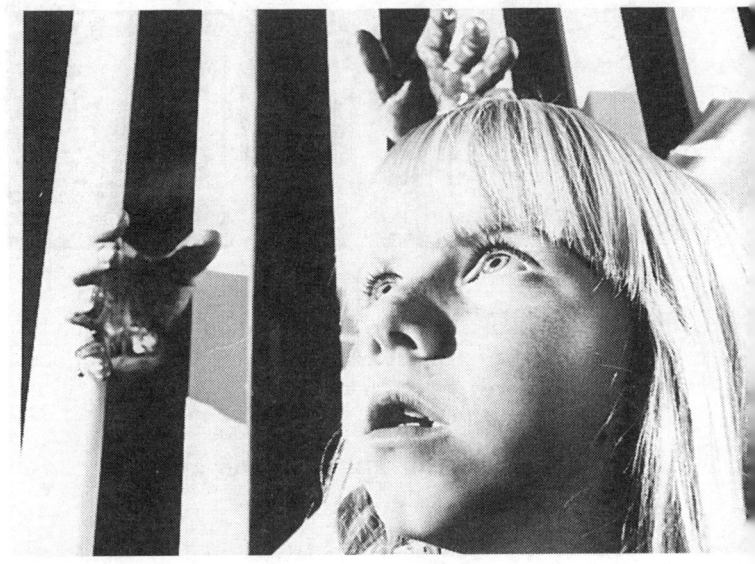

Cindy Hinds in ›The Brood‹

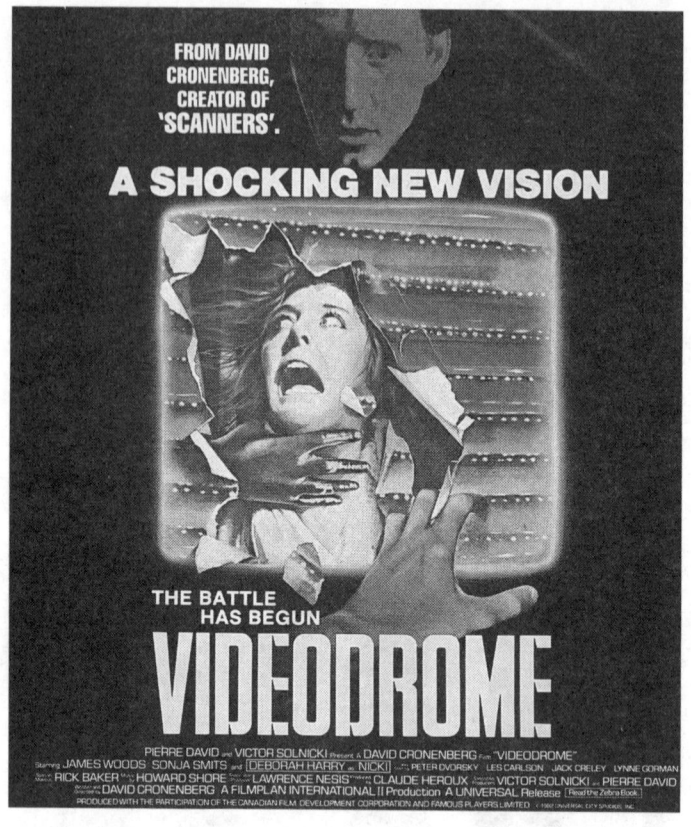

die totale sexuelle Vereinigung bedeuten würde, scheitert der Versuch zwangsweise: Am Ende wählt Jeff Goldblum dann den Freitod.

Leatherface und die Zombies: Der apokalyptische Splatterfilm

Propagiert der reaktionäre Splatterfilm so stärkere Repression als Allheilmittel gegen die immer weiter fort-

schreitende Auflösung des Systems, sieht sein apokalypti-
sches Gegenstück in eben dieser Repression den Grund
für den Zerfall.

Carrie beispielsweise ist *The Exorcist,* aber aus dem Blickwinkel Linda Blairs gesehen. In der Einleitung von Brian
de Palmas Film streicht man zusammen mit der subjekti-
ven Kamera durch die Umkleideräume einer High School
und sieht einem Mädchen beim Duschen zu. Doch plötzlich taucht Blut inmitten der erotischen Sinnlichkeit auf:
Das Mädchen, Carrie White (Sissy Spacek), hat seine erste
Periode bekommen. Statt die Unwissende zu beruhigen,
machen sich ihre Mitschülerinnen jedoch über sie lustig
und bombardieren Carrie mit Tampons. Bis auf einmal
eine Glühbirne platzt.

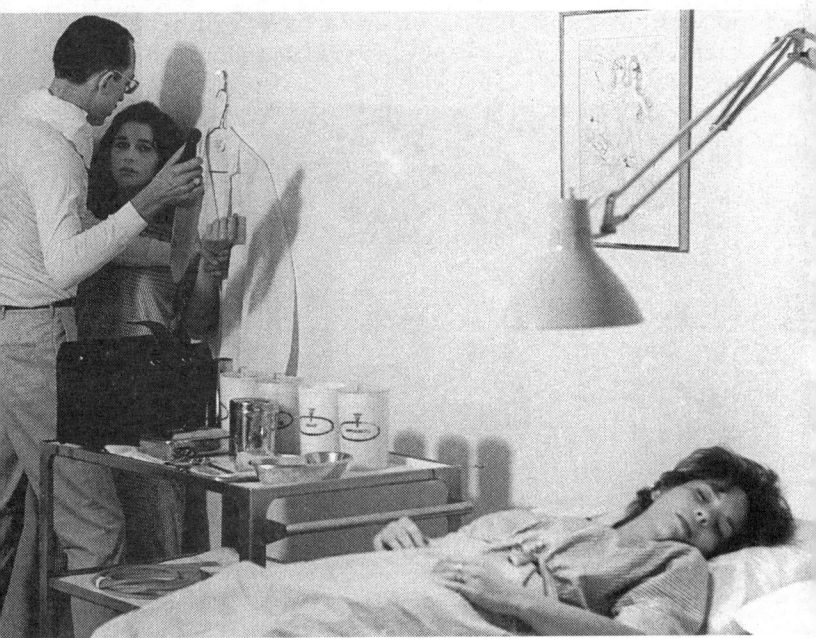

Analyse der Repression – ›Sisters‹

Im Gegensatz zu Friedkins Film ist diese telekinetische Begabung freilich kein Resultat teuflischer Besessenheit, sondern lediglich Symbol eines ganz natürlichen Vorgangs. Als man Carrie daher die Vorgänge erklärt, dauert es nicht sehr lange, bis sie die Kontrolle über diese neuen Fähigkeiten gewinnt. Noch übt sie freilich nicht jene strikte Kontrolle aus, die die Gesellschaft von ihr erwartet. Mehr als je zuvor schließen ihre Mitschülerinnen sie daher aus der Gemeinschaft aus; Carries bigotte Mutter (Piper Laurie) wiederum wähnt den Einfluß Satans und sperrt ihre Tochter zu einem leuchtenden Plastik-Jesus in die Besenkammer, auf daß sie ihre Sünden bereue.

Doch alle diese diversen Repressionsmechanismen scheitern. Carrie weigert sich, der vorgeschriebenen Rolle gerecht zu werden, nimmt am Abschlußball teil, ganz strahlende Ballkönigin. Um sie endlich in den Griff zu bekommen, bleibt der Gesellschaft somit nichts anderes übrig, als

Der Angriff der Bigotterie – Piper Laurie in ›Carrie‹

Die Allgegenwart der Verschwörung – John Cassavetes, Mia Farrow und Ralph Bellamy in ›Rosemary's Baby‹

sie als Teufel zu denunzieren. Auf dem Ball wird Carrie mit einem Eimer Schweineblut getauft; als sie wieder nach Hause kommt und Trost in den Armen der Mutter sucht, versucht diese, die Tochter rituell zu erstechen.

So erfüllt sich die Prophezeiung schließlich selbst: Carrie entfaltet das ganze destruktive Potential ihrer neuen Fähigkeiten, verwandelt den Ballsaal in ein flammendes Inferno, kreuzigt ihre Mutter, läßt das Haus über sich zusammenbrechen und vergiftet fortan sogar die Träume der Unschuldigen.

Auch *Rosemary's Baby* (Rosemarys Baby) ist mehr als nur

die ironische Umkehr der Marienlegende oder die präzise Analyse einer Schwangerschaftsparanoia. Der psychologische Schlüssel zu Polanskis Film liegt dabei in seiner Hauptfigur und deren Verhältnis zu ihrem ungeborenen Kind. Rosemary Woodhouse (Mia Farrow), so will es der Regisseur, ist ein streng katholisch erzogenes Mädchen vom Lande, das erst vor kurzem Geschmack am freigeistigeren Lebensstil von New York gefunden hat. Aus gutem Grund freut sie sich auf die Geburt; ihr ungeborenes Kind ist Rosemarys Chance, all die Fehler gutzumachen, die ihre Eltern bei ihrer eigenen Erziehung gemacht hatten. Das kann die Gesellschaft indes nicht zulassen: Der dramaturgische Aufhänger ist somit nicht, daß Mia Farrow langsam ahnt, daß sie den Sohn des Teufels in sich trägt, sondern daß ihr langsam bewußt wird, daß ihre Umgebung das Kind für sich reklamieren will und sie nichts dagegen ausrichten kann. Die Bedrohung ist allgegenwärtig, dem jung-dynamischen Arzt kann sie ebensowenig trauen wie dem Mann vor der Telefonzelle. Ihre Nachbarn sperren sie de facto in der Wohnung ein, schirmen alle »schädlichen« Einflüsse von ihr ab, notfalls auch durch Mord. Und um den Preis einer neuen Rolle verfällt sogar ihr Mann den Versuchungen.

Nach und nach weicht so der Geist der Rebellion aus Rosemary; die anfangs noch so bunten Kleider verblassen zu tristem Uni. Der Unterschied zu einem Film wie *Friday the 13th*, in dem gleichfalls ein übernatürliches Wesen den versuchten Ausbruch aus der Norm bestraft, besteht schlußendlich darin, daß der ewige Pessimist Polanski die Schuld nicht dem Außenseiter, sondern der Gesellschaft zuschreibt. Rosemarys Baby ist tatsächlich der Sohn des Teufels, und nur weil sie tief im Innern noch immer überzeugte Katholikin ist, darf sie an Bord des Traumschiffs zu ihrem satanischen Liebhaber. Am Ende ist Rosemary dann genauso unfrei, wie sie es in ihrer Kindheit war: Sie akzeptiert das Kind trotz seiner Fremdartigkeit und wiegt

es sanft, während die Kamera langsam von dem Haus zurückweicht, in dem die Frau einmal mehr zum Opfer bewährter Unterdrückungsmechanismen geworden ist.
Scheint die Repression so für den Zustand der Gesellschaft verantwortlich, folgt daraus ganz unmittelbar, daß sich das Problem durch neuerliche Repression nicht lösen läßt. Damit verschwindet zugleich jede Möglichkeit zur Gegenwehr: das Verdrängte kehrt zurück, übertritt die letzten Tabus und zerschmettert das System vollends. Ein solcher Nihilismus, wie er Ende der Siebziger beinahe die gesamte Popkultur beherrschte (»No Future!«), ist natür-

Hilflos gegen die Gesellschaft – Mia Farrow und John Cassavetes in ›Rosemary's Baby‹

lich ein fruchtbarer Boden für die Komik des Absurden. Doch das Lachen angesichts eines Films wie *Dawn of the Dead* oder *The Texas Chainsaw Massacre* ist nicht nur ein befreiendes Lachen, sondern immer auch ein Lachen über die mögliche Befreiung. Die Antihelden dieser Filme sind die Helden der unterdrückten Klassen, der Farbigen, des Proletariats, weil sie ihnen allen explizit die Zerstörung des alten und implizit den Aufbau eines neuen, möglicherweise »gerechteren« Systems versprechen.

Wie der klassische Horrorfilm nicht ohne seine verborgenen erotischen Bedeutungen funktionieren konnte, bleibt auch der apokalyptische Splatterfilm ohne solche versteckten politischen Bedeutungen wirkungslos. Filme über das Tabu an sich *(Anthropophagus*/Man-Eater – Der Menschenfresser, *La regine dei cannibale*/Zombies unter Kannibalen) sind nichts weiter als primitivste *exploitation;* erst die metaphorische Bedeutung des Kannibalismus (das System zerstört sich selbst) macht *The Texas Chainsaw Massacre* zum Kultobjekt.

Tobe Hoopers Film beginnt mit unheilvollen, beinahe dokumentarisch wahren Bildern. Blitzlichtartig beleuchtete Leichenteile hinter den *credits,* ein totes Reptil auf der Straße, astrologische Thesen über das Zeitalter des Saturn, verbrannte Photographien, unlogische Schnitte, dissonante Musik, zerfallene Häuser, seltsame Zeichen. Und ein vorbeirasender Truck, dessen Fahrtwind einen Krüppel im Rollstuhl den Abhang hinunterstößt. Die Omen häufen sich, die Apokalypse der Gesellschaft steht dicht bevor.

Doch es ist eine Apokalypse, die sie selbst heraufbeschworen hat. Wo vollautomatische Luftdruckgewehre eine ganze Generation ehemaliger Tierschlächter auf die Straße setzen, bleibt den nunmehr Arbeitslosen als Rache nur noch die Anwendung ihres Berufs auf die Schuldigen an ihrer Misere. Im Gegensatz zu De Palma zeigt Hooper jedoch nicht den Werdegang, sondern das Endprodukt die-

Im totalen Nihilismus ein Quentchen absurder Komik entdeckt – Edwin Neal und Marilyn Burns in ›The Texas Chainsaw Massacre‹

ser Entwicklung: eine restlos pervertierte Familie, dessen einziges weibliches Mitglied ein verfallener Leichnam ist. Und dennoch vertritt *The Texas Chainsaw Massacre* keineswegs die reaktionäre These, daß derlei Geisteskranke mit allen Mitteln vernichtet werden müssen. Immer wieder unterstreicht Hooper das Verschwinden aller Auswege, den Verlust der Kontrolle. Leatherfaces Großvater fällt der Hammer aus der Hand, mit dem er das letzte Opfer, Sally, in bewährter Schlächtermanier umbringen will; Leatherface rutscht und schlittert mit knatternder Kettensäge hinter Sally her, als bestünde der Boden unter seinen

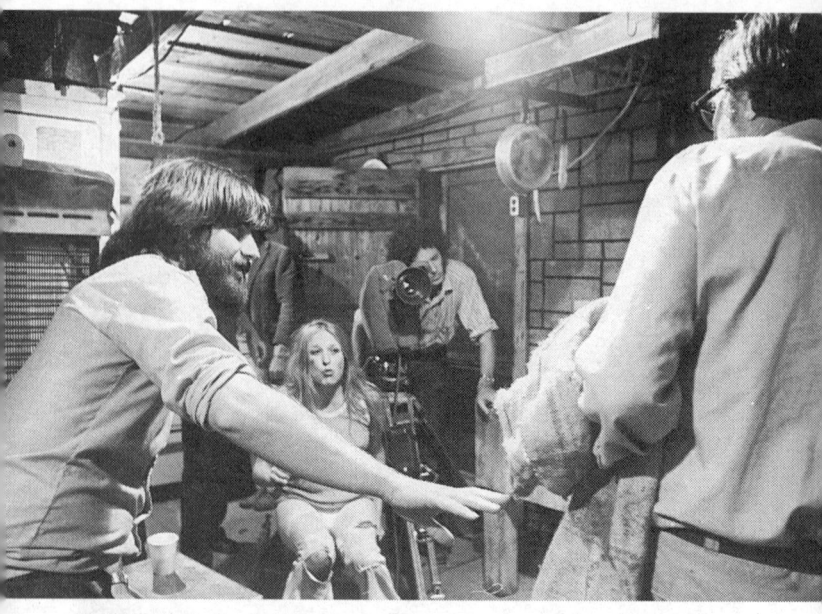

Tobe Hooper (l.) bei den Dreharbeiten zu ›The Texas Chainsaw Massacre‹

Füßen aus purem Eis; Sally selbst erlebt den perfekten Alptraum: Sie läuft und läuft und kommt doch nicht von der Stelle. Die Situation ist hoffnungslos, das letzte Bild zeigt Leatherface, wie er den Sonnenuntergang der Menschheit mit hocherhobener Kettensäge begrüßt.

Letztlich ist *The Texas Chainsaw Massacre* aber auch ein außerordentlich zwiespältiger Film. Hoopers Inszenierung konzentriert sich beinahe vollständig auf die Angst der letzten Überlebenden; die extremen Nahaufnahmen von Sallys entsetzt aufgerissenen Augen (ein weiterer Hinweis auf die alptraumhafte Natur der Ereignisse) überwiegen die blitzschnellen Mordszenen bei weitem. Was einerseits auf die metaphorische Natur der kannibalistischen Familie hinweist, kann den Zuschauer so andererseits auch zur Identifikation mit Leatherface auffordern. Was er tut, scheint so schlimm nicht zu sein; folglich kann man auch nach seinem Vorbild den Zusammenbruch des verhaßten Systems ein wenig beschleunigen.

Den logischen Ausweg aus dieser Zwickmühle entdeckte George A. Romero mit seiner *Living Dead*-Trilogie. Wieder sind die kannibalistischen Monstren darin eine Metapher für ein sich selbst vernichtendes System. Statt sich primär auf die Angst vor dieser Auflösung zu konzentrieren und damit die Identifikation zu riskieren, stellte Romero jedoch die Auflösung selbst in den Mittelpunkt. Dank Tom Savinis Make-up-Künsten rächten sich die Sünden der Vergangenheit direkt an der Gegenwart: Die Toten fraßen die Lebenden in Nahaufnahme.

Im Gegensatz zu Hooper interessierte sich Romero zudem

Das System frißt sich selbst – ›Day of the Dead‹

197

keinen Deut für den Grund hinter diesem Angriff. Daß die Strahlung einer zurückgekehrten Venus-Sonde für das Auftauchen der Zombies verantwortlich war, wie *Night of the Living Dead* (Die Nacht der lebenden Toten) behauptete, stellte nichts weiter als eine ironische Hommage an die ähnlich abstrusen Erklärungen der klassischen SF-Filme dar. Auch der kleine Vietnam-Versprecher des TV-Kommentators war im Grunde nie das, was dieselben Kritiker, die den Film beim Start in Grund und Boden verdammt hatten, zehn Jahre später an ihm lobten: Das eigentliche Thema der *Living Dead*-Trilogie war nie die Herkunft der Zombies, sondern die Analyse der verschiedenen Reaktionen auf ihren Angriff.

Night of the Living Dead, der erste der drei Filme, spielte den Zusammenbruch im Mikrokosmos der Familie durch. Ein junger Mann, der zusammen mit seiner Schwester einen abgelegenen Friedhof besucht, wird von einem plötzlich auftauchenden alten Mann in einen Zombie verwandelt und frißt am Ende seine eigene Schwester auf. Das Kind einer angeknackten Mittelklassefamilie, die sich zusammen mit ihr und einigen anderen in einem kleinen Häuschen verbarrikadiert hat, stirbt während der Belagerung, kehrt unmittelbar darauf als Zombie zurück und frißt seine Mutter.

Wo Hitchcock jedoch nur das Endergebnis eines solchen totalen Inzests zeigte, demonstrierte Romero in schonungsloser Offenheit den Akt selbst. *Night of the Living Dead* brauchte seine expressionistischen Schattenspiele und schneidenden Diagonalen; das Ungeheuerliche durfte 1967 nicht wirklich sein, noch nicht.

Im weiteren Verlauf präsentiert Romero dann zwei verschiedene Möglichkeiten, der Bedrohung gegenüberzutreten. Versuchen überall im Land kleine Vigilantengruppen das System durch neuerliche Repression (d. h. brutale Vernichtung der Zombies) zu bewahren, klinkt sich einer der Belagerten, der schwarze Ben, kurzerhand aus dem

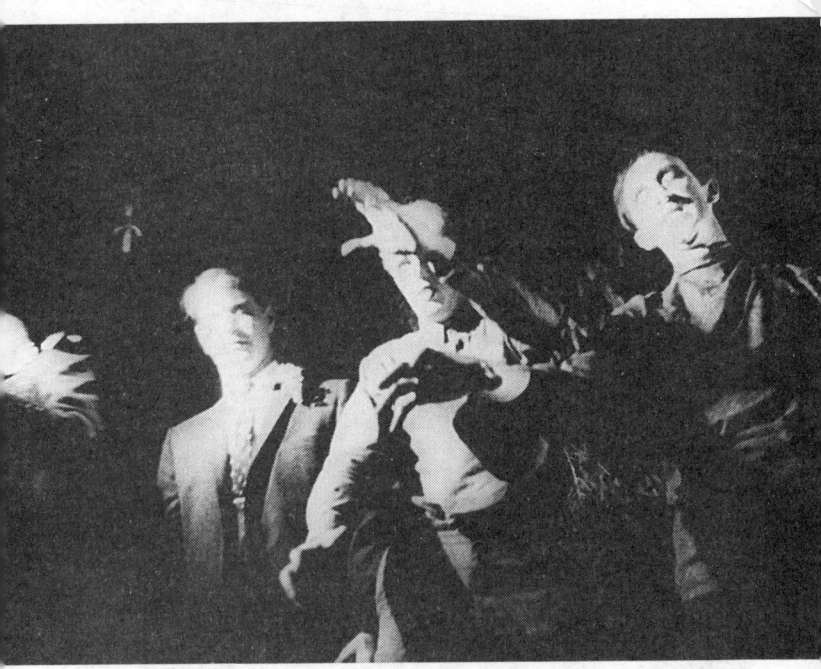

Noch zu gewagt, um ohne expressionistische Distanz funktionieren zu können – ›Night of the Living Dead‹

System aus. Die Sympathien Romeros liegen klar bei ihm: Ben überlebt als einziger. Damit wird er aber selbst zu einer noch größeren Bedrohung, als es die Zombies jemals sein könnten. Er beweist, daß es eine funktionierende Alternative gibt, und das kann das System nicht hinnehmen. Als Ben das Haus im Morgengrauen verläßt, wird er von einer Vigilantengruppe kurzerhand (und ohne vorherigen Anruf) erschossen.

Zwölf Jahre später spielte *Dawn of the Dead* (Zombie) dann dieselbe Situation auf globaler Ebene durch. Die Zombies haben die Welt überrannt, nur vier Menschen gelingt die Flucht aus der zerstörten Stadt. Wieder stellt Ro-

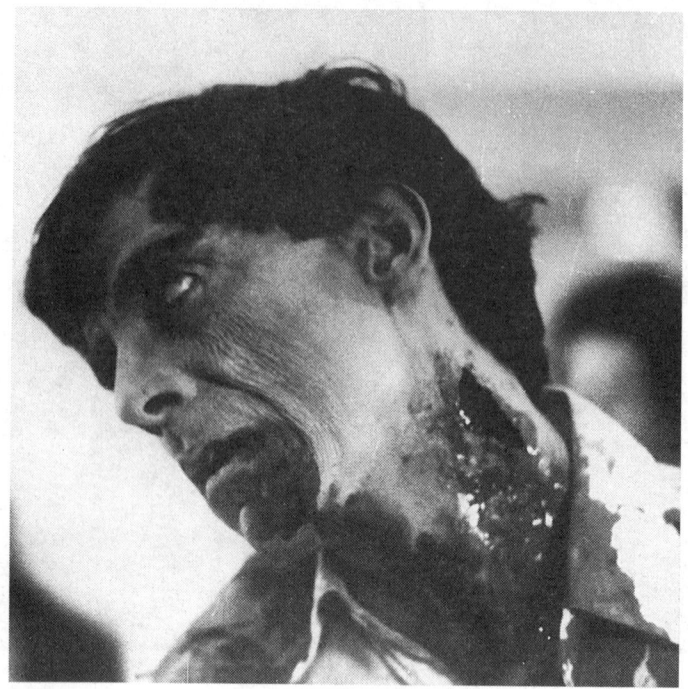

›Dawn of the Dead‹

mero in der Folge zwei verschiedene Reaktionen einander
gegenüber. Die Überlebenden entdecken einen abgelegenen Supermarkt, stehlen sich einige Waffen aus dem
Sportgeschäft, rotten die Zombies aus und schaffen sich
damit eine kleine Enklave im Dachgeschoß: die faschistische Lösung. Eine Gruppe von Rockern dagegen, die wenig später im Supermarkt auftaucht, zieht einen anderen
Nutzen aus dem Zusammenbruch der herrschenden Ordnung. Sie zertrümmern die Auslagen, bedrohen die Enklave der Überlebenden, lassen, wie man so schön sagt, »die
Sau raus«: die anarchistische Antwort. Doch Chaos und
Tyrannei, das bewiesen schon die deutschen Stummfilme,

sind beides gleich unpraktikable Lösungen. Die Rocker scheitern am Ende ebenso wie das auf einen Mann und eine Frau reduzierte Quartett, das mit einem Hubschrauber ins Nirgendwo entkommt.

Das Problem von *Dawn of the Dead* ist dabei, daß er der reaktionären Lösung zuviel filmischen Platz einräumt und sie somit zu befürworten scheint. Immer wieder zeigt Romero von großem Kaliber zerfetzte Zombieköpfe, delektiert sich an den Triumphen der Überlebenden. Das finale Scheitern auch des Faschismus erscheint so lediglich als Nachtrag, ausgelöst nicht durch seine prinzipielle Falschheit, sondern durch die mangelnde Einsicht jener (d. h.: der Rocker), die sich dieser Ideologie nicht unterordnen

Selbstjustiz als letzter Ausweg? – ›Dawn of the Dead‹

wollen. Die Einsicht wiederum, daß das eine stets das andere erzeugt, tritt in *Dawn of the Dead* kaum hervor.

Wesentlich bewußter geht in diesem Punkt der letzte Film der Trilogie vor, ein nachtschwarzes Drama, das den Zuschauer insofern mehr fordert, als er seine Bedeutung nicht durch expressionistischen Stil oder die absurde Komik der Zerstörung zu verbergen versucht. *Day of the Dead* spielt in einem unterirdischen Raketensilo, in dem sich zwei verschiedene Parteien bemühen, mit den Zombies fertig zu werden. Das Militär versucht in bewährter Weise, das Problem durch radikale Vernichtung aus dem Weg zu räumen, obwohl der diensthabende Offizier sehr genau weiß, daß ihm dazu schlicht die Mittel fehlen. Demgegenüber versucht eine kleine Gruppe von Wissenschaftlern, die Bedrohung in das System zu assimilieren. Tatsächlich versprechen diese Experimente zunächst einigen Erfolg: Einer der eingefangenen Zombies, Bub, erinnert sich scheinbar an sein früheres Leben und lernt sogar langsam, seinen Hunger auf Menschenfleisch zu unterdrücken.

Statt sich inszenatorisch für eine der beiden Parteien zu entscheiden, betrachtet Romero die Ereignisse diesmal jedoch von außen: aus dem Blickwinkel einer jungen Wissenschaftlerin, eines jamaikanischen Hubschrauberpiloten und eines älteren Säufers, die zwischen den beiden Fronten stehen und in psychologischer Hinsicht grob mit den drei Einheiten Ich, Es und Über-Ich korrespondieren. Mit ihren Augen verfolgt man, wie der Faschismus erneut seine Unfähigkeit beweist: Als sich die Spannungen zuspitzen, erschießt der Offizier den Chefwissenschaftler kaltblütig und sperrt das Trio in jenes unterirdische Gewölbe, in dem die Wissenschaftler ihre Versuchszombies aufbewahren. In dem folgenden Chaos gelingt es den Zombies, in den Silo einzudringen und unter Führung von Bub die Soldaten auszurotten.

Die letzte Szene zeigt das mit letzter Kraft den Zombies entronnene Trio (sprich: den Zuschauer) am Strand einer

Assimilierung – Howard Sherman in ›Day of the Dead‹

einsamen Insel; bereit, eine neue Welt aufzubauen, in der
man sich nicht mehr vor Zombies zu fürchten braucht. Es
wird eine friedlichere Welt sein, in der die Sünden der Vergangenheit verschwunden und die Zukunft ohne überflüs-
sige Repression sein wird; eine Welt auch, die keine Horrorfilme mehr braucht – immer vorausgesetzt natürlich,
der Zuschauer hört auf die Lektion, die ihm *Day of the
Dead,* dieser logische Schlußpunkt des Genres, nahebrin-
gen will. Solange er sich freilich weigert, eine solche Uto-
pie in Betracht zu ziehen, ist auch das endgültige Buch
über den Horrorfilm noch nicht geschrieben.

Filmographie

Doctor Pretorius (played by Ernest Thesiger)
was a paracelsian who kept his homunculi
imprisoned in glass belljars: when they knocked
with tiny fists upon the glass it rang
like toy telephones: this in *The Bride of Frankenstein*
in which the Bride (the Monster's of course: Frankenstein's
bride was played by Valerie Hobson who later
married a British cabinet minister named
John Profumo, which is strange but not relevant)
was played by Elsa Lanchester who in »real«
i. e. offscreen life was married to Charles Laughton
who was Quasimodo in the second *Hunchback
of Notre Dame* and Doctor Moreau in *The Island
of Lost Souls* in which the Leader
of the Beast Men was Bela Lugosi who
(need I say it?) played the title-role in the original
Dracula in which Renfield the madman
who ate flies was Dwight Frye who acted
the malignant hunchback who in *Frankenstein* the first
selected the wrong brain for the poor Monster
(doomed from the start) who was played
by Boris Karloff who was played
by a very gentle Englishman named
William Henry Pratt.
Ash in the crucible revives
Roses and Monsters hover in the mind.

M. K. Joseph

Die Filmographie ist nach Uraufführungsjahren geordnet. Innerhalb eines Jahres sind die Filme alphabetisch angeordnet.

Die Abkürzungen bedeuten:

		Ma	= Masken
B	= Buch	P	= Produktionsfirma (Produzent)
D	= Darsteller	R	= Regie
K	= Kamera	SpE	= Optische/visuelle Spezialeffekte
M	= Musik	V	= Videoverleih (Stand: 1.5.1986)

1896

Le Manoir du Diable. F. PRBSpE: Georges Méliès. 60 Meter. V: Inter-Pathé *(Méliès' Zauberwelt)*.

1898

La Caverne Maudite. F. PRBSpE: Georges Méliès. 20 Meter. V: Inter-Pathé *(Méliès' Zauberwelt)*.

1910

Frankenstein. USA. P: Edison. R: J. Searle Dawley. DMa: Charles Ogle. 12 Minuten.

1913

Der Student von Prag. D. P: Bioskop (Paul Wegener). R: Stellan Rye. B: Hanns Heinz Ewers/ Paul Wegener. K: Guido Seeber. D: Paul Wegener, Lyda Salmonova, Grete Berger, Lothar Körner, Fritz Weidemann, John Gottowt. 85 Minuten.

1914

Der Golem. D. P: Bioskop. R: Henrik Galeen. B: Paul Wegener/ Henrik Galeen. K: Guido Seeber. D: Paul Wegener, Lyda Salmonova, Carl Ebert, Henrik Galeen, Rudolf Blümner, Jacob Tiedtke. 56 Minuten.

1915

Life Without Soul. USA. P: Ocean Film (George DeCarlton). R: Joseph W. Smiley. B: Jesse J. Goldburg (nach der Erzählung von Mary Shelley). D: Percy Darrell Standing, William A. Cohill, Jack Hopkins, Lucy Cotton, George DeCarlton, Pauline Curley, David McCauley, Violet DeBiccari. 5 Akte.

1916

Homunculus. D. P: Bioscop. R: Otto Rippert. B: Otto Rippert/ Robert Reinert. K: Carl Hoffmann. D: Olaf Fonss, Friedrich Kühne, Maria Carmi, Aud Egede Nissen, Lupu Pick. 6 Folgen zu ca. 60 Minuten.

1919

Das Cabinet des Dr. Caligari. D. P: Decla (Erich Pommer). R: Robert Wiene. B: Hans Janowitz/ Carl Mayer. K: Willy Hameister. D: Werner Krauss, Conrad Veidt, Friedrich Feher, Lil Dagover, Hans Heinrich von Twardowski, Rudolf Lettinger, Ludwig Rex, Elsa Wagner, Henri-Peter Arnolds, Hans Lanser-Ludolff. 83 Minuten. V: Atlas.

1920

Dr. Jekyll and Mr. Hyde (Dr. Jekyll und Mr. Hyde). USA. P: Famous Players-Lasky (Adolph Zu-

kor). R: John S. Robertson. B: Clara S. Beranger (nach der Erzählung von Robert Louis Stevenson). K: Roy Overbough/Karl Struss. D: John Barrymore, Martha Mansfield, Nita Naldi, Brandon Hurst, Charles Lane, Louis Wolheim, J. Malcolm Dunn, Cecil Clovelly, George Stevens. 70 Minuten.

Der Golem, wie er in die Welt kam. D. P: PAGU/UFA. R: Paul Wegener/Carl Boese. B: Paul Wegener/Henrik Galeen. K: Karl Freund/Guido Seeber. D: Paul Wegener, Albert Steinrück, Lyda Salmonova, Ernst Deutsch, Hanns Sturm, Otto Gebühr, Lothar Müthel, Loni Nest, Max Kronert, Dora Paetzold. 84 Minuten. V: Inter-Pathé.

1922

Nosferatu – Eine Symphonie des Grauens. D. P: Prana-Film.

R: Friedrich Wilhelm Murnau. B: Henrik Galeen (nach der Erzählung von Bram Stoker). K: Fritz Arno Wagner/Günther Krampf. D: Max Schreck, Gustav von Wangenheim, Greta Schröder, Alexander Granach, Georg Heinrich Schnell, Ruth Landshoff, John Gottowt, Gustav Botz, Max Nemetz, Wolfgang Heinz. 96 Minuten. V: Atlas.

1924

Das Wachsfigurenkabinett. D. P: Neptun-Film. R: Paul Leni. B: Henrik Galeen. K: Halmar Lerski. D: Wilhelm Dieterle, John Gottowt, Olga Balajeff, Emil Jannings, Conrad Veidt, Werner Krauss, Ernst Legal, Georg John. 64 Minuten.

1925

Orlacs Hände. Österreich. P: Pan-Film. R: Robert Wiene. B: Ludwig Nerz (nach der Erzählung von Maurice Renard). K: Hans Androschin/Günther Krampf. D: Conrad Veidt, Alexandra Sorina, Carmen Cartellieri, Fritz Kortner, Paul Askonas, Fritz Strassny. 92 Minuten.

Phantom of the Opera (Das Phantom der Oper). USA. P: Universal (Carl Laemmle). R: Rupert Julian/Edward Sedgwick/Lon Chaney. B: Raymond Schrock/Elliot J. Clawson (nach der Erzählung von Gaston Leroux). K: Virgil Miller/Milton Bridenbecker/

Charles J. Van Enger. D: Lon Chaney, Mary Philbin, Norman Kerry, Snitz Edwards, Gibson Gowland, John Sainpolis, Virginia Pearson, Arthur Edmund Carew, John Miljan. 101 Minuten. 2-Farben-Technicolor. V: Inter-Pathé *(Das Phantom in der Oper)*.

1926

The Magician. USA. P: MGM. RB: Rex Ingram (nach der Erzählung von W. Somerset Maugham). K: John Seitz. D: Alice Terry, Paul Wegener, Ivan Petrovitch, Firmin Gemier, Gladys Hamer. 83 Minuten.

Der Student von Prag. D. P: Sokal-Film. R: Henrik Galeen. B: Hanns Heinz Ewers. K: Günter Krampf/Eric Nitzschmann. D: Conrad Veidt, Werner Krauss,

Agnes Eszterhazy, Elizza La Porta, Ferdinand von Alten, Fritz Alberti, Sylvia Torf, Erich Kober, Max Maximilian. 72 Minuten.

1927

The Cat and the Canary (Spuk im Schloß). USA. P: Universal. R: Paul Leni. B: Robert F. Hill/Alfred A. Cohn. K: Gilbert Warrenton. D: Laura La Plante, Creighton Hale, Lucien Littlefield, Flora Finch, Arthur Edmund Carew, Tully Marshall, Forrest Stanley, Gertrude Astor. 92 Minuten.

London After Midnight (London nach Mitternacht/Um Mitternacht). USA. P: MGM (Tod Browning). R: Tod Browning. B: Waldemar Young (nach einer Story von Tod Browning). K: Merritt B. Gerstad. D: Lon Chaney, Marceline Day, Henry B. Walthall, Percy Williams, Conrad Nagel, Polly Moran, Edna Tichenor, Claude King. 75 Minuten.

1928

La Chute de la Maison Usher. F. P: Epstein. RB: Jean Epstein. K: Georges Lucas/Jean Lucas. D: Margaret Gance, Jean Debucourt, Charles Lamay, Abel Gance. 55 Minuten.

1931

Dr. Jekyll and Mr. Hyde (Dr. Jekyll und Mr. Hyde). USA. P: Paramount (Rouben Mamoulian). R: Rouben Mamoulian. B: Samuel Hoffenstein/Percy Heath (nach der Erzählung von Robert Louis Stevenson). K: Karl Struss. M: Robert Schumann. Ma: Wally Westmore. D: Fredric March, Miriam Hopkins, Rose Hobart, Holmes Herbert, Edgar Norton, Halliwell Hobbes, Arnold Lucy, Tempe Piggot. 90 Minuten.

Dracula (Dracula). USA. P: Universal (Carl Laemmle jr.). R: Tod Browning. B: Garret Fort/Dudley Murphy (nach der Erzählung von Bram Stoker). K: Karl Freund. M: Karl Freund. M: Peter Tschaikowsky/Richard Wagner. Ma: Jack Pierce. D: Bela Lugosi, David Manners, Helen Chandler, Dwight Frye, Edward van Sloan, Herbert Bunston, Frances Dade, Charles Gerard, Moon Carroll, Josephine Velez. 75 Minuten.

Frankenstein (Frankenstein). USA. P: Universal (Carl Laemmle jr.). R: James Whale. B: Robert Florey/Francis Edward Faragoh/ Garrett Fort (nach der Erzählung von Mary Shelley). K: Arthur Edeson. SpE: John P. Fulton/ Kenneth Strickfaden. Ma: Jack Pierce. D: Colin Clive, Boris Karloff, Mae Clarke, John Boles, Edward van Sloan, Dwight Frye, Lionel Belmore, Marilyn Harris, Michael Mark, Arletta Duncan. 71 Minuten.

1932

Freaks (Freaks). USA. P: MGM (Tod Browning). R: Tod Browning. B: Willis Goldbeck/Leon Gordon/ Edgar Allan Wolff/Al Boasberg (nach der Erzählung »Spurs« von Tod Robbins). K: Merritt B. Gerstad. M: Gavin Barns. D: Wallace Ford, Olga Baclanova, Roscoe Ates, Henry Victor, Harry Earles, Daisy Earles, Leila Hyams, Rose Dione, Daisy Hilton, Violet Hilton. 90 (61) Minuten.

The Most Dangerous Game (Graf Zaroff – Genie des Bösen). USA. P: RKO (Merian C. Cooper/Ernest B. Schoedsack). R: Ernest B. Schoedsack/Irving Pichel. B: James A. Creelman (nach der Kurzgeschichte von Richard Connell). K: Henry Gerrard. M: Max Steiner. Ma: Wally Westmore. D: Joel McCrea, Fay Wray, Robert Armstrong, Leslie Banks, Hale Hamilton, Noble Johnson, Steve

Clemento, Dutch Hendrian, William B. Davidson, Landers Stevens. 78 (63) Minuten.

The Mummy (Die Mumie). USA. P: Universal (Stanley Bergerman). R: Karl Freund. B: John L. Balderston (nach einer Story von Nina Wilcox Putnam und Richard Schayer). K: Charles Stumar. M: Peter Tschaikowsky. Ma: Jack Pierce. D: Boris Karloff, Zita Johann, David Manners, Arthur Byron, Edward van Sloan, Bramwell Fletcher, Noble Johnson, Kathryn Byron, Leonard Mudie, James Crane. 78 Minuten.

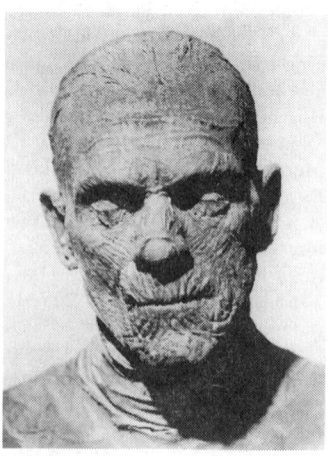

Vampyr (Vampyr – Der Traum des Allan Grey). D/F. P: Tobis/Klangfilm (Carl Theodor Dreyer/Nicholas de Gunzburg). R: Carl Theodor Dreyer. B: Carl Theodor Dreyer/Christian Jul (nach der Kurzgeschichte »Carmilla« von J. Sheridan Le Fanu). K: Rudolf Ma-té/Louis Nee. M: Wolfgang Zeller. D: Julian West, Henriette Gerard, Sybille Schmitz, Renee Mandel, Jan Hieroninko, Jane Mora, Albert Bras, N. Babanini. 65 Minuten.

White Zombie (White Zombie). USA. P: Halperin (Edward Halperin). R: Victor Halperin. B: Garnett Weston (nach dem Buch »Magic Island« von William Seabrook). K: Arthur Martinelli. M: Abe Meyer. Ma: Jack Pierce. D: Bela Lugosi, Madge Bellamy, John Harron, Joseph Cawthorn, Robert Frazer, Clarence Muse, Brandon Hurst, Frederick Peters, George Burr MacAnnan, Dan Crimmins. 73 Minuten. V: Inter-Pathé.

1933

King Kong (King Kong und die weiße Frau). USA. P: RKO (Merian C. Cooper/Ernest B. Schoedsack). R: Merian C. Cooper/Ernest B. Schoedsack. B: James Creelman/Ruth Rose (nach einer Story von Merian C. Cooper). K: Edward Linden/Vernon L. Walker/J. O. Taylor. M: Max Steiner. SpE: Willis O'Brien. D: Fay Wray, Robert Armstrong, Bruce Cabot, Frank Reicher, Sam Hardy, Noble Johnson, James Flavin, Steve Clemento, Victor Long, Ethan Laidlow. 100 Minuten. V: Videobox.

Mystery of the Wax Museum. USA. P: Warner Brothers (Henry

cile Lund, Andy Devine, John Carradine, King Baggot. 65 Minuten.

Son of Kong. USA. P: RKO (Merian C. Cooper). R: Ernest B. Schoedsack. B: Ruth Rose. K: Edward Linden/Vernon Walker/ J. O. Taylor. M: Max Steiner. SpE: Willis O'Brien/Marcel Delgado. D: Robert Armstrong, Helen Mack, Frank Reicher, Noble Johnson, Victor Wong, John Marston. 70 Minuten.

1935

The Black Room (Das schwarze Zimmer). USA. P: Columbia (Robert North). R: Roy William Neill. B: Arthur Strawn/Henry Meyers. K: Al Siegler. D: Boris Karloff, Katherine DeMille, Marian Marsh, Robert Allen, John Buckler, Thurston Hall, Edward van Sloan, Henry Kolker, Egon Brecher, Frederick Vogeding. 75 Minuten.

The Bride of Frankenstein (Frankensteins Braut). USA. P: Universal (Carl Laemmle jr.). R: James Whale. B: John Balderston/ William Hurlbut. K: John J. Mescall. M: Franz Waxman. SpE: John P. Fulton/Kenneth Strickfaden. Ma: Jack Pierce. D: Boris Karloff, Colin Clive, Elsa Lanchester, Ernest Thesiger, Valerie Hobson, Una O'Connor, Lucien Prival, O. P. Heggie, Dwight Frye, E. E. Clive. 80 Minuten.

Blanke). R: Michael Curtiz. B: Don Mullaly/Carl Erickson. K: Ray Rennahan. D: Lionel Atwill, Fay Wray, Glenda Farrell, Frank McHugh, Allen Vincent, Holmes Herbert, Edwin Maxwell, Arthur Edmund Carew, DeWitt Jennings. 78 Minuten. Zweifarben-Technicolor-Sequenzen.

1934

The Black Cat (Die schwarze Katze). USA. P: Universal (Carl Laemmle jr.). R: Edgar G. Ulmer. B: Peter Ruric (nach der Kurzgeschichte von Edgar Allan Poe). K: John Mescall. M: Heinz Roemhold. D: Boris Karloff, Bela Lugosi, David Manners, Julie Bishop, Herman Bing, Egon Brecher, Lu-

Mad Love. USA. P: MGM (John W. Considine jr.). R: Karl Freund. B: P. J. Wolfson/John L. Balderston (nach dem Roman »Les Mains d'Orlac« von Maurcie Renard). K: Chester Lyons/Gregg Toland. M: Dimitri Tiomkin. D: Peter Lorre, Frances Drake, Colin Clive, Henry Kolker, Isabel Jewell, Keye Luke, Ian Wolfe, Charles Trowbridge, Rollo Lloyd. 85 Minuten.

Mark of the Vampire (Das Zeichen des Vampirs). USA. P: MGM (E. J. Mannix). R: Tod Browning. B: Guy Endore/Bernard Schubert. K: James Wong Howe. D: Bela Lugosi, Lionel Barrymore, Elizabeth Allan, Jean Hersholt, Lionel Atwill, Donald Meek, Carol Borland, Holmes Herbert. 60 Minuten.

The Raven (Der Rabe). USA. P. Universal. R: Louis Friedlaender. B: David Boehm/Jim Tully (nach dem Gedicht von Edgar Allan Poe). K: Charles Stumar. M: Gilbert Harland. D: Boris Karloff, Bela Lugosi, Irene Ware, Samuel Hinds, Ian Wolfe, Lester Matthews, Arthur Hoyt, Inez Courtney, Spencer Charters, Maidel Turner. 62 Minuten.

The Werewolf of London (Der Wehrwolf von London). USA. P: Universal (Stanley Bergerman). R: Stuart Walker. B: John Colton.

K: Charles Stumar. Ma: Jack Pierce. D: Henry Hull, Warner Oland, Valerie Hobson, Lester Matthews, Lawrence Grant, Spring Byington, Clark Williams, Charlotte Granville, J. M. Kerrigan. 75 Minuten.

1936

The Devil Doll (Die Teufelspuppe). USA. P: MGM (E. J. Mannix). R: Tod Browning. B: Garrett Fort/Guy Endore/Erich von Stroheim (nach dem Roman »Burn, Witch, Burn« von Abraham Merritt und der Kurzgeschichte »The Witch of Trinidad« von Tod Browning). K: Leonard Smith. M: Franz Waxman. D: Lionel Barrymore, Maureen O'Sullivan, Lucy Beaumont, Henry B. Walthall, Pedro de Cordova, Arthur Hohl, Frank Lawton. 79 Minuten.

Dracula's Daughter. USA. P: Universal (E. M. Asher). R: Lambert Hillyer. B: Garrett Fort. K: George Robinson. M: Heinz Roemheld. SpE: John P. Fulton. D: Otto Kruger, Gloria Holden, Marguerite Churchill, Edward van Sloan, Irving Pichel, Nan Grey, E. E. Clive. 72 Minuten.

The Walking Dead (Die Rache des Toten). USA. P: Warner Brothers (Lou Edelman). R: Michael Curtiz. B: Ewart Anderson/Peter Milne/Robert Andrews/Lillie Hayward. K: Hal Mohr. M: Elmer Bernstein. D: Boris Karloff, Ricardo Cortez, Warren Hull, Robert Strange, Joseph King, Edmund Gwenn, Marguerite Churchill, Barton McLane, Henry O'Neil, Paul Harvey. 66 Minuten.

1939

The Cat and the Canary (Erbschaft um Mitternacht). USA. P: Paramount (Arthur Hornblow jr.). R: Elliot Nugent. B: Walter De Leon/Lynn Starling. K: Charles Lang. M: Ernst Toch. D: Bob Hope, Paulette Goddard, Gale Sondergaard, John Beal, Douglas Montgomery, Elizabeth Patterson, Nydia Westman, George Zucco, Willard Robertson, Charles Lane. 75 Minuten.

Son of Frankenstein (Frankensteins Sohn). USA. P: Universal (Rowland Lee). R: Rowland Lee. B: Willis Cooper. K: George Robinson. M: Frank Skinner. Ma: Jack Pierce. D: Boris Karloff, Bela Lugosi, Basil Rathbone, Lionel Atwill, Josephine Hutchinson, Lionel Belmore, Gustav von Seyffertitiz, Donnie Dunagan, Edgar Norton, Perry Ivins. 95 Minuten.

1940

Black Friday (Schwarzer Freitag). USA. P: Universal. R: Arthur Lubin. B: Curt Siodmak/Eric Taylor. K: Elwood Bredell. M: Hans J. Salter. D: Boris Karloff, Bela Lugosi, Stanley Ridges, Anne Nagel, Anne Gwynne, James Craig, Jack Mulhall, Paul Fix. 70 Minuten.

The Ghost Breakers. USA. P: Paramount (Arthur Hornblow jr.). R: George Marshall. B: Walter De Leon. K: Charles Lang/ Theodore Sparkuhl. M: Ernst Toch. D: Bob Hope, Paulette Goddard, Richard Carlson, Paul Lukas, Willie Best, Anthony Quinn, Noble Johnson. 82 Minuten.

The Mummy's Hand. USA. P: Universal (Ben Pivar). R: Christy Cabanne. B: Griffin Jay/Maxwell Shane. K: Elwood Bredell. Ma: Jack Pierce. D: Dick Foran, Peggy Moran, Wallace Ford, Eduardo Ciannelli, George Zucco, Cecil Kellaway, Charles Trowbridge, Tom Tyler. 67 Minuten.

1941

Dr. Jekyll and Mr. Hyde (Arzt und Dämon). USA. P: MGM (Victor Fleming). R: Victor Fleming. B: John Lee Mahin (nach der Erzählung von Robert Louis Stevenson). K: Joseph Ruttenberg. M: Franz Waxman. SpE: Warren Newcombe. Ma: Jack Dawn. D: Spencer Tracy, Ingrid Bergman, Lana Turner, Donald Crisp, Ian Hunter, Barton McLane, C. Aubrey Smith, Sara Allgood, Billy Bevan. 127 Minuten.

The Wolf Man (Der Wolfsmensch). USA. P: Universal (George Waggner). R: George Waggner. B: Curt Siodmak. K: Joe Valentine. M: Hans J. Salter. SpE: John P. Fulton. Ma: Jack Pierce.

D: Claude Rains, Lon Chaney jr., Evelyn Ankers, Ralph Bellamy, Bela Lugosi, Warren William, Maria Ouspenskaya, Patric Knowles, Fay Helm, J. M. Kerrigan. 71 Minuten.

1942

The Cat People (Katzenmenschen). USA. P: RKO (Val Lewton). R: Jacques Tourneur. B: DeWitt Bodeen. K: Nicholas Musuraca. M: Roy Webb. D: Simone Simon, Tom Conway, Kent Smith, Jack Holt, Jane Randolph, Alan Napier, Elizabeth Russell, Alec Craig, Bud Geary, Murdock MaQuarrie. 74 Minuten.

The Ghost of Frankenstein. USA. P: Universal (George Waggner). R: Erle C. Kenton. B: W. Scott Darling. K: Milton Krasner/Woody Bredell. M: Hans J. Salter. Ma: Jack Pierce. D: Cedric Hardwicke, Ralph Bellamy, Lionel Atwill, Bela Lugosi, Evelyn Ankers, Lon Chaney jr., Barton Yarborough, Olaf Hytten, Dwight Frye, Doris Lloyd. 68 Minuten.

The Mummy's Tomb. USA. P: Universal (Ben Pivar). R: Harold Young. B: Griffin Jay/Henry Sucher. K: George Robinson. M: Hans J. Salter. Ma: Jack Pierce. D: Lon Chaney jr., Turhan Bey, Wallace Ford, Dick Foran, John Hubbard, Elyse Knox, George Zucco, Janet Shaw, Glenn Strange. 61 Minuten.

1943

Frankenstein Meets the Wolf Man. USA. P: Universal (George Waggner). R: Roy William Neill. B: Curt Siodmak. K: George Ro-binson. M: Hans J. Salter. SpE: John P. Fulton. Ma: Jack Pierce. D: Lon Chaney jr., Bela Lugosi, Lionel Atwill, Ilona Massey, Patric Knowles, Maria Ouspenskaya, Dwight Frye, Eddie Parker. 74 Minuten.

I Walked With a Zombie (Ich folgte einem Zombie). USA. P: RKO (Val Lewton). R: Jacques Tourneur. B: Curt Siodmak/Ardel Wray. K: J. Roy Hunt. M: Roy Webb. D: James Ellison, Frances Dee, Tom Conway, Christine Gordon, Sir Lancelot, Edith Barrett, Sarby Jones, Teresa Harris, Jeni Legon. 69 Minuten.

The Leopard Man. USA. P: RKO (Val Lewton). R: Jacques Tourneur. B: Ardel Wray (nach dem

Roman »Black Alibi« von Cornell Woolrich). K: Robert Grasse. M: Roy Webb. D: Dennis O'Keefe, Margo, Jean Brooks, Isabel Jewell, James Bell, Abner Biberman, Tula Parma. 66 Minuten.

The Phantom of the Opera (Phantom der Oper). USA. P: Universal (George Waggner). R: Arthur Lubin. B: Eric Taylor/Samuel Hoffenstein (nach der Erzählung von Gaston Leroux). K: Hal Mohr/W. Howard Greene. M: Edward Ward/Richard Wagner/Peter Tschaikowsky. D: Claude Rains, Nelson Eddy, Suzanna Foster, Edgar Barrier, Leo Carrillo, Hume Cronyn, Fritz Leiber, Miles Mander, Barbara Everest, Frank Puglia. 95 Minuten. Technicolor.

The Seventh Victim. USA. P: RKO (Val Lewton). R: Mark Robson. B: DeWitt Bodeen/Charles O'Neal. K: Nicholas Musuraca. M: Roy Webb. D: Tom Conway, Kim Hunter, Jean Brooks, Isabel Jewell, Evelyn Brent, Hugh Beaumont, Elizabeth Russell. 71 Minuten.

Son of Dracula. USA. P: Universal (Ford Beebe). R: Robert Siodmak. B: Eric Taylor. K: George Robinson. M: Hans J. Salter. SpE: John P. Fulton, Ma: Jack Pierce. D: Lon Chaney jr., J. Edgar Bromberg, Louise Allbritton, Robert Paige, Evelyn Ankers, Frank Craven, Samuel S. Hinds, Patrick Moriarty, Etta McDaniel, Cyril Delevanti. 79 Minuten.

1944

Curse of the Cat People. USA. P: RKO (Val Lewton). R: Robert Wise/Gunther V. Fritsch. B: DeWitt Bodeen. K: Nicholas Musuraca. M: Roy Webb. D: Simone Simon, Ann Carter, Kent Smith, Elizabeth Russell, Jane Randolph, Sir Lancelot. 70 Minuten.

House of Frankenstein. USA. P: Universal (Paul Malvern). R: Erle C. Kenton. B: Edward T. Lowe. K: George Robinson. M: Hans J. Salter. SpE: John P. Fulton. Ma: Jack Pierce. D: Lon Chaney jr., Boris Karloff, John Carradine, J. Carrol Naish, George Zucco, Glenn Strange, Peter Coe, Anne Gwynn, Lionel Atwill, Frank Reicher. 71 Minuten.

The Mummy's Curse. USA. P: Universal (Ben Pivar). R: Leslie Goodwins. B: Leon Abrams/Dwight V. Babcock. K: Virgil Miller. M: Paul Sawtell. SpE: John P.

Fulton. Ma: Jack Pierce. D: Lon Chaney jr., Virgina Christine, Peter Coe, Kay Harding, Martin Kosleck, Kurt Katch, Addison Richards, Holmes Herbert. 62 Minuten.

The Mummy's Ghost. USA. P: Universal (Ben Pivar). R: Reginald Le Borg. B: Griffin Jay/Henry Sucher/Brena Weisberg. K: William Sickner. M: Hans J. Salter. Ma: Jack Pierce. D: Lon Chaney jr., John Carradine, Ramsay Ames, Robert Lowery, Barton MacLane, Claire Whitney, George Zucco, Frank Reicher, Eddie Parker. 61 Minuten.

The Uninvited (Der unheimliche Gast). USA. P: Paramount (Charles Brackett). R: Lewis Allen. B: Frank Partos/Dodie Smith. K: Charles Lang. M: Victor Young. SpE: Farciot Edouart. D: Ray Milland, Ruth Hussey, Gail Russell, Donald Crisp, Cornelia Otis Skinner, Dorothy Stickney, Barbara Everest, Alan Napier. 98 Minuten.

1945

The Body Snatcher (Der Leichendieb). USA. P: RKO (Val Lewton). R: Robert Wise. B: Philip MacDonald/Carlos Keith. K: Robert De Grasse. M: Roy Webb. D: Boris Karloff, Henry Daniell, Bela Lugosi, Edith Atwater, Russell Wade, Rita Corday, Robert Clarke, Sharyn Moffett, Donna Lee. 78 Minuten.

Dead of Night (Traum ohne Ende). GB. P: Ealing (Michael Balcon). R: Alberto Cavalcanti/Basil Dearden/Robert Hamer/Charles Crichton. B: John Baines/Angus MacPhail/T. E. B. Clarke. K: Stan Pavey/Douglas Slocombe/Jack Parker/H. Julius. M: Georges Auric. D: Mervyn Johns, Michael Redgrave, Frederick Valk, Googie Withers, Sally Ann Howes, Elizabeth Welch, Naunton Wayne, Roland Culver, Basil Radford, Miles Malleson. 160 (95) Minuten.

House of Dracula. USA. P: Universal (Paul Malvern). R: Erle C. Kenton. B: Edward T. Lowe. K: George Robinson. M: Hans J. Salter. SpE: John P. Fulton. Ma: Jack Pierce. D: Lon Chaney jr., Onslow Stevens, John Carradine, Lionel Atwill, Glenn Strange, Jane Adams, Ludwig Stossel, Martha O'Driscoll, Skelton Knaggs. 67 Minuten.

Isle of the Dead. USA. P: RKO (Val Lewton). R: Mark Robson. B: Ardel Wray/Josef Mischel. K: Jack MacKenzie. M: Leigh Harline. D: Boris Karloff, Ellen Drew, Marc Cramer, Katherine Emery, Helene Thimig, Alan Napier, Jason Robards. 72 Minuten.

1948

Abbott and Costello Meet Frankenstein (Abbott & Costello treffen Frankenstein). USA. P: Universal (Robert Arthur). R: Charles T. Barton. B: John Grant/Frederic

I. Rinaldo/Robert Lees. K: Charles van Enger. M: Frank Skinner. SpE: David S. Horsley/Jerome H. Ash. Ma: Bud Westmore. D: Bud Abbott, Lou Costello, Bela Lugosi, Lon Chaney jr., Glenn Strange, Lenore Aubert, Frank Ferguson, Jane Randolph, Joe Kirk. 92 Minuten.

1953

Abbott and Costello Meet Dr. Jekyll and Mr. Hyde (Abbott & Costello gegen Dr. Jekyll und Mr. Hyde). USA. P: Universal (Howard Christie). R: Charles Lamont. B: Leo Loeb/John Grant. K: George Robinson. M: Joseph Gershenson. SpE: David S. Horsley. Ma: Bud Westmore. D: Bud Abbott, Lou Costello, Boris Karloff, Helen Wescott, Craig Stevens, John Dierkes, Reginald Denny, Eddie Parker. 76 Minuten.

House of Wax (Das Kabinett des Professor Bondi). USA. P: Warner Brothers (Bryan Foy). R: Andre de Toth. B: Crane Wilbur. K: Bert Glennon/J. Peverell Marley. M: David Buttolph. D: Vincent Price, Frank Lovejoy, Phyllis Kirk, Carolyn Jones, Paul Picerni, Roy Roberts, Paul Cavanagh, Dabbs Greer, Charles Bronson, Ned Young. 88 Minuten. Warnercolor. 3-D. V: Warner.

1955

Abbott and Costello Meet The Mummy (Abbott & Costello als Mumienräuber). USA. P: Universal (Howard Christie). R: Charles

Lamont. B: John Grant. K: George Robinson. M: Joseph Gershenson. SpE: Clifford Stine. Ma: Bud Westmore. D: Bud Abbott, Lou Costello, Marie Windsor, Michael Ansara, Richard Deacon, Eddie Parker, Donald Kerr, Dan Seymour. 79 Minuten.

1957

The Curse of Frankenstein (Frankensteins Fluch). GB: P: Hammer (Anthony Hinds). R: Terence Fisher. B: Jimmy Sangster (nach der Erzählung von Mary Shelley). K: Jack Asher. M: James Bernard. Ma: Phil Leakey/Roy Ashton. D: Peter Cushing, Christopher Lee, Hazel Court, Robert Urquhart, Valerie Gaunt, Noel Hood, Marjorie Hume, Sally Walsh, Paul Hardtmuth. 83 Minuten. Eastmancolor. V: Warner.

I Was a Teenage Frankenstein. USA. P: AIP (Herman Cohen). R: Herbert L. Strock. B: Kenneth Langtry. K: Lothrop Worth. M: Paul Dunlap. Ma: Philip Scheer. D: Whit Bissell, Phyllis Coates, Robert Burton, Gary Conway, George Lynn, John Cliff. 74 Minuten.

I Was a Teenage Werewolf (Der Tod hat schwarze Krallen). USA. P: AIP (Herman Cohen). R: Gene Fowler jr. B: Ralph Thornton. K: Joseph La Shelle. M: Paul Dunlap. D: Michael Landon, Yvonne Lime, Whit Bissell, Guy Williams, Robert Griffin, Vladimir Soko-

loff, Malcolm Atterbury, Eddie Marr, Louise Lewis. 76 Minuten.

Night of the Demon (Der Fluch des Dämonen). GB: P: Sabre Films (Frank Bevis). R: Jacques Tourneur. B: Charles Bennett/Hal F. Chester (nach der Kurzgeschichte »Casting the Runes« von M. R. James). K: Ted Scaife. M: Clifton Parker. SpE: George Blackwell/Wally Veevers. D: Dana Andrews, Peggy Cummins, Niall MacGinnis, Maurice Denham, Athene Seyler, Liam Redmond, Reginald Beckwith, Peter Elliott, Charles Lloyd-Pack, Percy Herbert. 95 Minuten.

1958

Dracula/Horror of Dracula (Dracula). GB. P: Hammer (Anthony

219

Hinds). R: Terence Fisher. B: Jimmy Sangster. K: Jack Asher. M: James Bernard. Ma: Phil Leakey. D: Peter Cushing, Christopher Lee, Michael Gough, Melissa Stribling, Carol Marsh, Valerie Gaunt, John van Eyssen, Charles Lloyd-Pack, Miles Malleson, George Woodbridge. 82 Minuten. Technicolor.

The Revenge of Frankenstein (Frankensteins Rache). GB. P: Hammer (Anthony Hinds). R: Terence Fisher. B: Jimmy Sangster. K: Jack Asher. M: Leonard Salzedo. Ma: Phil Leakey. D: Peter Cushing, Michael Gwynn, Francis Matthews, Eunice Gayson, John Welsh, Lionel Jeffries, Oscar Quitak, Richard Wordsworth, Charles Lloyd-Pack, Michael Ripper.

91 Minuten. Technicolor. V: RCA/Columbia.

1959

Horrors of the Black Museum (Das schwarze Museum). GB: P: Anglo-Amalgamated (Jack Greenwood). R: Arthur Crabtree. B: Aben Kandel/Herman Cohen. K: Desmond Dickinson. M: Gerard Schurmann. D: Michael Gough, June Cunningham, Graham Curnow, Shirley Ann Field, Geoffrey Keen, Gerald Andersen, Austin Trevor. 95 Minuten. Eastmancolor.

The Mummy (Die Rache der Pharaonen). GB. P: Hammer (Michael Carreras). R: Terence Fisher. B: Jimmy Sangster. K: Jack As-

her. M: Frank Reizenstein. Ma: Roy Ashton. D: Peter Cushing, Christopher Lee, Yvonne Furneaux, Eddie Byrne, Felix Aylmer, Raymond Huntley, George Pastell, John Stuart, Michael Ripper. 88 Minuten. Technicolor.

Le Testament du Dr. Cordelier (Das Testament des Dr. Cordelier). F. P: Sofirad (Jean Renoir). RB: Jean Renoir. K: Georges Leclerc. M: Joseph Kosma. D: Jean-Louis Barrault, Micheline Gary, Michel Vitold, Teddy Bilis, Jean Topart, Jacques Dannoville, André Certs. 95 Minuten.

The Tingler (Schrei, wenn der Tingler kommt). USA. P: Castle (William Castle). R: William Castle. B: Robb White. K: Wilfred M. Cline. M: Von Dexter. D: Vincent Price, Judith Evelyn, Darryl Hickman, Patricia Cutts, Philip Coolidge, Pamela Lincoln. 82 Minuten.

Les yeux sans visage (Das Schreckenhaus des Dr. Rasanoff). F. P: Champs-Elysees (Jules Borkon). R: Georges Franju. B: Georges Franju/Jean Redon/Claude Sautet/Pierre Boileau/Thomas Narcejac. K: Eugen Schüfftan. M: Maurice Jarre. D: Pierre Brasseur, Alida Valli, Juliette Maynial, Edith Scob, Beatrice Altaraiba, François Guerin. 95 Minuten.

1960

The Brides of Dracula (Dracula und seine Bräute). GB. P: Hammer (Anthony Hinds). R: Terence Fisher. B: Jimmy Sangster/Peter Bryan/Edward Percy. K: Jack Asher. M: Malcolm Williamson. Ma: Roy Ashton. D: Peter Cushing, David Peel, Martita Hunt, Yvonne Monlaur, Freda Jackson, Miles Malleson, Mona Washbourne, Michael Ripper. 85 Minuten. Technicolor.

Et mourir de plaisir (... und vor Lust zu sterben). F/I. P: E. G. E. Films/Italian Documento (Raymond Eger). R: Roger Vadim. B: Roger Vadim/Roger Vailland/Claude Brule/Claude Martin (nach der Kurzgeschichte »Carmilla« von J. Sheridan Le Fanu). K: Claude Renoir. M: Jean Prodromides. D: Mel Ferrer, Elsa Martinelli, Annette Vadim, Jacques-René Chauffard, Marc Allegret, Alberto Bonucci, Serge Marquand, Gabrielle Farinon, Renato Speziali. 87 Minuten. Technicolor.

House of Usher (Die Verfluchten). USA. P: AIP (Roger Corman). R: Roger Corman. B: Richard Matheson (nach der Kurzgeschichte von Edgar Allan Poe). K: Floyd Crosby. M: Les Baxter. SpE: Pat Dinga. D: Vincent Price, Mark Damon, Myrna Fahey, Harry Ellerbe, Bill Borzage, Mike Jordan, Nadajan, Ruth Oklander, George Paul, David Andar, Eleanor Le Faber. 80 Minuten. Eastmancolor.

Little Shop of Horrors (Kleiner Laden voller Schrecken). USA. P:

Santa Clara (Roger Corman). R: Roger Corman. B: Charles B. Griffiths. K: Archie Dalzell. M: Fred Katz. D: Jonathan Haze, Jackie Joseph, Mel Welles, Dick Miller, Myrtle Vail, Leola Wendorff, Jack Nicholson, Lynn Storey, Tammy Windsor, Toby Michaels. 70 Minuten.

La maschera del demonio (Die Stunde, wenn Dracula kommt). I. P: Galatea/Jolly (Massimo DeRita). R: Mario Bava. B: Ennio de Concini/Mario Bava/Marcello Coscia/Mario Serandre (nach der Kurzgeschichte »Der Wij« von Nikolai Gogol). K: Ubaldo Terzano. M: Roberto Nicolosi. D: Barbara Steele, Andrea Checchi, John Richardson, Ivo Gerrani, Arturo Dominici, Enrico Olivieri, Antonio Pierfederici, Clara Bindi, Germana Dominici. 83 Minuten.

Peeping Tom (Augen der Angst). GB. P: Michael Powell Theatre (Michael Powell/Albert Fennell). R: Michael Powell. B: Leo Marks. K: Otto Heller. M: Brian Easdale. D: Karlheinz Böhm, Moira Shearer, Anna Massey, Maxine Audley, Esmond Knight, Bartlett Mullins, Shirley Ann Field, Michael Goodliffe, Brenda Bruce, Martin Miller. 109 Minuten. Eastmancolor.

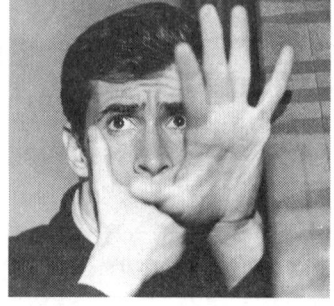

Psycho (Psycho). USA. P: Shamley (Alfred Hitchcock). R: Alfred Hitchcock. B: Joseph Stefano (nach dem Roman von Robert Bloch). K: John L. Russell. M: Bernard Herrmann. SpE: Clarence Champagne. D: Anthony Perkins, Janet Leigh, Vera Miles, Martin Balsam, John Gavin, John McIntire, Simon Oakland, Lurene Tuttle, Frank Albertson, Pat Hitchcock. 109 Minuten. V: CIC.

The Two Faces of Dr. Jekyll (Schlag 12 in London). GB. P: Hammer (Michael Carreras). R: Terence Fisher. B: Wolf Mankowitz (nach der Erzählung von Robert Louis Stevenson). K: Jack Asher. M: Monty Norman/David Heneker. Ma: Roy Asthon. D: Paul Massie, Dawn Addams, Christopher Lee, David Kossoff, Francis de Wolff, Norma Marla, Magda Miller, Oliver Reed. 89 Minuten. Technicolor.

1961

Curse of the Werewolf (Der Fluch des Siniestro). GB. P: Hammer (Anthony Hinds). R: Terence Fisher. B: John Elder (nach dem Roman »The Werewolf of Paris« von Guy Endore). K: Arthur Grant. M: Benjamin Frankel. Ma: Roy Ashton. D: Clifford Evans, Oliver Reed, Yvonne Romain, Anthony Dawson, Richard Wordsworth, Michael Ripper, George Woodbridge. 91 Minuten. Technicolor.

The Innocents (Schloß des Schreckens). GB. P: Achilles (Jack Clayton). R: Jack Clayton. B: William Archibald/Truman Capote (nach der Kurzgeschichte »The Turn of the Screw« von Henry James). K: Freddie Francis. M: Georges Auric. Ma: Harold Fletcher. D: Deborah Kerr, Martin Stephens, Pamela Franklin, Michael Redgrave, Megs Jenkins, Peter Wyngarde, Clytie Jessop, Isla Cameron, Eric Woodburn. 99 Minuten.

The Pit and the Pendulum (Das Pendel des Todes). USA. P: AIP (Roger Corman). R: Roger Corman. B: Richard Matheson (nach der Kurzgeschichte von Edgar Allan Poe). K: Floyd Crosby. M: Les Baxter. SpE: Pat Dinga. Ma: Ted Coodley. D: Vincent Price, John Kerr, Barbara Steele, Luana Anders, Anthony Carbone, Patrick Westwood, Lynne Bernay, Larry Turner, Mary Menzies, Charles Victor. 85 Minuten. Pathécolor. V: Thorn-EMI.

1962

Night of the Eagle (Hypno). GB. P: Independent Artists (Albert Fennell). R: Sidney Hayers. B: Charles Beaumont/Richard Matheson/George Baxt (nach dem Roman »Conjure Wife« von Fritz Leiber). K: Reginald Wyer. M: Muir Mathieson/William Alwyn. D: Janet Blair, Peter Wyngarde, Margaret Johnston, Anthony Nicholls, Colin Gordon, Kathleen

Bryon, Reginald Beckwith, Jessica Dunning, Norman Bird. 86 Minuten.

Phantom of the Opera (Das Rätsel der unheimlichen Maske). GB. P: Hammer (Anthony Hinds). R: Terence Fisher. B: John Elder (nach der Erzählung von Gaston Leroux). K: Arthur Grant. M: Edwin Astley. Ma: Roy Ashton. D: Herbert Lom, Heather Sears, Thorley Walters, Edward de Souza, Michael Gough, Miles Malleson, Martin Miller, Ian Wilson, Michael Ripper. 84 Minuten. Technicolor.

The Premature Burial (Lebendig begraben). USA. P: AIP (Roger Corman). R: Roger Corman. B: Charles Beaumont/Ray Russell (nach der Erzählung von Edgar Allan Poe). K: Floyd Crosby. M: Ronald Stein. D: Ray Milland, Hazel Court, Richard Ney, Heather Angel, Alan Napier, John Dierkes, Dick Miller, Brendan Dillon, Clive L. Halliday. 81 Minuten. Eastmancolor.

Tales of Terror (Schwarze Geschichten). USA. P: AIP (Roger Corman). R: Roger Corman. B: Richard Matheson (nach den Kurzgeschichten »Morella«, »The Black Cat«, »The Cask of Amontillado« und »The Facts in the Case of M. Valdemar« von Edgar Allan Poe). K: Floyd Crosby. M: Les Baxter. SpE: Pat Dinga. D: Vincent Price, Maggie Pierce, Leona Gage, Peter Lorre, Joyce Jameson, Basil Rathbone, Debra Paget, David Frankham. 90 Minuten. Pathécolor.

Whatever Happened to Baby Jane? (Was geschah wirklich mit Baby Jane?) USA. P: Seven Arts (Robert Aldrich). R: Robert Aldrich. B: Lukas Heller (nach dem Roman von Henry Farrell). K: Ernest Haller. M: Frank De Vol. SpE: Don Steward. Ma: Jack Obringer/Monty Westmore. D: Bette Davis, Joan Crawford, Victor Buono, Anna Lee, Maidie Norman, Marjorie Bennett, Dave Willock, Julie Allred, Gina Gillespie, Bert Freed. 132 Minuten.

1963

Blood Feast. USA. P: Friedman-Lewis (David F. Friedman). RKMSpE: Herschell Gordon Lewis. B: Allison Louise Downe. D: Connie Mason, Thomas Wood, Mal Arnold, Lyn Bolton, Scott H. Hall, Toni Calvert. 75 Minuten. Farbe.

The Haunted Palace (Die Folterkammer des Hexenjägers). USA. P: AIP (Roger Corman). R: Roger Corman. B: Charles Beaumont (nach dem Gedicht von Edgar Allan Poe und der Kurzgeschichte »The Case of Charles Dexter Ward« von H. P. Lovecraft). K: Floyd Crosby. M: Ronald Stein. Ma: Ted Coodley. D: Vincent Price, Debra Paget, Lon Chaney jr., John Dierkes, Leo Gordon, Elisha Cook, Frank Maxwell, Harry Ellerbe, Barbara Morris, Bruno de

Sota. 85 Minuten. Pathécolor. V: VCL.

The Haunting (Bis das Blut gefriert). GB. P: Argyle Enterprises (Robert Wise). R: Robert Wise. B: Nelson Gidding (nach dem Roman »The Haunting of Hill House« von Shirley Jackson). K: David Boulton. M: Humphrey Searle. SpE: Tom Howard. D: Julie Harris, Claire Bloom, Richard Johnson, Russ Tamblyn, Lois Maxwell, Valentine Dyall, Fay Compton, Diane Clare. 112 Minuten.

Kaidan. Japan. P: Ninjin Club/ Toho (Shigeru Wakatsuki). R: Masuki Kobayashi. B: Yoko Mizuki. K: Giyu Miyajima. M: Toru Takemitsu. D: Rentaro Mikuni, Michiyo Aratama, Tatsuya Nakadai, Keiko Kishi, Tetsuro Tamba, Katsuo Nakamura, Ganjiru Nakamura. 164 Minuten. Eastmancolor.

Kiss of the Vampire (Der Kuß des Vampirs). GB. P: Hammer (Anthony Hinds). R: Don Sharp. B: John Elder. K: Alan Hume. M: James Bernard. SpE: Les Bowie. D: Clifford Evans, Noel Willman, Edward De Souza, Jennifer Daniel, Barry Warren, Isobel Black. 88 Minuten. Eastmancolor.

The Nutty Professor (Der verrückte Professor). USA. P: Jerry Lewis Enterprises (Ernest D. Glucksman). R: Jerry Lewis. B: Jerry Lewis/Bill Richmond. K: W. Wallace Kelley. M: Walter Scharf.

SpE: Paul K. Lerpae. D: Jerry Lewis, Stella Stevens, Del Moore, Kathleen Freeman, Howard Morris, Milton Frome, Buddy Lester, Marvin Kaplan, Doodles Weaver. 107 Minuten. Technicolor.

The Raven (Der Rabe – Duell der Zauberer). USA. P: AIP (Roger Corman). R: Roger Corman. B: Richard Matheson (nach dem Gedicht von Edgar Allan Poe). K: Floyd Crosby. M: Les Baxter. SpE: Pat Dinga. D: Vincent Price, Peter Lorre, Boris Karloff, Hazel Court, Jack Nicholson, Olive Sturgess, William Baskin, Aaron Saxon. 86 Minuten. Pathécolor.

I tre volti della paura (Die drei Gesichter der Furcht). I. P: Galatea (Salvatore Billitteri). R: Mario Bava. B: Marcello Fondato/Alberto Bervilacqua/Mario Bava (nach Erzählungen von Alexej K. Tolstoj, Anton Tschechow und Howard Snyder). K: Ubaldo Terzano. M: Roberto Nicolosi. D: Boris Karloff, Susy Andersen, Mark Damon, Glauco Onorato, Rika Dialina, Massimo Righi, Jacqueline Pierreux, Milly Monti. 99 Minuten. Pathécolor. V: Polygram.

1964

The Evil of Frankenstein (Frankensteins Ungeheuer). GB. P: Hammer (Anthony Hinds). R: Freddie Francis. B: John Elder. K: John Wilcox. M: Don Banks. SpE: Les Bowie. Ma: Roy Ashton. D: Peter Cushing, Peter Woodthor-

pe, Sandor Eles, Duncan Lamont, Kiwi Kingston, Katy Wild, David Hutcheson, Caron Gardner, Tony Arpino. 84 Minuten. Technicolor.

The Gorgon (Die brennenden Augen von Schloß Bartimore). GB. P: Hammer (Anthony Hinds). R: Terence Fisher. B: John Gilling. K: Michael Reed. M: James Bernard. Ma: Roy Ashton. D: Peter Cushing, Christopher Lee, Richard Pasco, Barbara Shelley, Michael Goodliffe, Patrick Troughton, Jack Watson, Prudence Hyman. 83 Minuten. Technicolor. V: RCA/Columbia.

Hush, Hush, Sweet Charlotte (Wiegenlied für eine Leiche). USA. P: Aldrich & Associates (Robert Aldrich). R: Robert Aldrich. B: Henry Farrell/Lukas Heller. K: Joseph Biroc. M: Frank De Vol. D: Bette Davis, Olivia de Havilland, Agnes Moorehead, Jo-

226

seph Cotten, Victor Buono, Bruce Dern, Cecil Kellaway, William Campbell, Mary Astor, Wesley Addy, Percy Helton. 134 Minuten.

The Masque of the Red Death (Satanas – Das Schloß der blutigen Bestie). USA/GB. P: AIP/Anglo Amalgamated (George Willoughby). R: Roger Corman. B: Charles Beaumont/R. Wright Campbell (nach der Erzählung von Edgar Allan Poe). K: Nicholas Roeg. M: David Lee. SpE: George Blackwell. D: Vincent Price, Hazel Court, Jane Asher, David Weston, Patrick Magee, Nigel Green, Skip Martin, John Westbrook. 89 Minuten. Pathécolor.

The Tomb of Ligeia (Das Grab der Lygeia). USA/GB. P: Alta Vista (Roger Corman/Pat Green). R: Roger Corman. B: Robert Towne (nach der Kurzgeschichte von Edgar Allan Poe). K: Arthur Grant. M: Kenneth V. Jones. SpE: Ted Samuels. D: Vincent Price, Elizabeth Shepherd, John Westbrook, Derek Francis, Oliver Johnston, Richard Vernon, Frank Thornton, Ronald Adam. 81 Minuten. Eastmancolor.

2000 Maniacs! USA. P. Friedman-Lewis (David Friedman). RBK: Herschell Gordon Lewis. M: Larry Wellington/Pleasant Valley Boys. D: Connie Mason, Thomas Wood, Jeffrey Allen, Ben Moore, Shelby Livingston, Vincent Santo, Gary Bakeman, Mark Douglas. 75 Minuten. Farbe.

1965

Dr. Terror's House of Horrors (Die Todeskarten des Dr. Schreck). GB. P: Amicus (Milton Subotsky/Max J. Rosenberg). R: Freddie Francis. B: Milton Subotsky. K: Alan Hume. M: Elisabeth Lutyens. SpE: Ted Samuels. D: Peter Cushing, Christopher Lee, Roy Castle, Donald Sutherland, Neil McCallum, Alan Freeman, Max Adrian, Edward Underdown, Michael Gough, Jennifer Jayne. 98 Minuten. Technicolor.

Repulsion (Ekel). GB. P: Compton/Tekli (Gene Gutowski). R: Roman Polanski. B: Roman Polanski/Gérard Brach. K: Gil Taylor. M: Chico Hamilton. D: Catherine Deneuve, Ian Hendry, John Fraser, Patrick Wymark, Yvonne

Furneaux, Renée Houston, Roman Polanski, Valerie Taylor, James Villiers. 104 Minuten. V: VPS.

The Skull (Der Schädel des Marquis de Sade). GB: P: Amicus (Milton Subotsky/Max J. Rosenberg). R: Freddie Francis. B: Milton Subotsky (nach der Kurzgeschichte von Robert Bloch). K: John Wilcox. M: Elisabeth Lutyens. SpE: Ted Samuels. D: Peter Cushing, Patrick Wymark, Christopher Lee, Jill Bennett, Nigel Green, Michael Gough, George Coulouris, Patrick Magee, Peter Woodthorpe, April Olrich. 90 Minuten. Technicolor.

Terrore nello spazio (Planet der Vampire). I/Spanien. P: Italian Int'l/Castilla Cinematografica (Fulvio Lucisano). R: Mario Bava. B: Castillo Cosulich/Antonio Roman/Alberto Bevilacqua/Mario Bava/Rafael J. Salvia. K: Antonio Rinaldi. M: Gino Marinuzzi. D: Barry Sullivan, Norma Bengell, Angel Aranda, Evi Morandi, Mario Morales, Ivan Rassimov, Massimo Righi, Fernando Villena, Alberto Cevenini. 86 Minuten. Technicolor. V: Arcade.

1966

Dracula, Prince of Darkness (Blut für Dracula). GB. P: Seven Arts/Hammer (Anthony Nelson Keys). R: Terence Fisher. B: John Sansom. K: Michael Reed. M: James Bernard. SpE: Bowie Films. Ma: Roy Ashton. D: Christopher Lee, Barbara Shelley, Andrew Keir, Francis Matthews, Suzan Farmer, Thorley Walters, George Woodbridge, Philip Latham. 90 Minuten. Technicolor.

Plague of the Zombies (Nächte des Grauens). GB. P: Hammer/Seven Arts (Anthony Nelson Keys). R: John Gilling. B: Peter Bryan. K: Arthur Grant. M: James Bernard. SpE: Bowie Films. Ma: Roy Ashton. D: André Morell, Diane Clare, Michael Ripper, Brook Williams, Jacqueline Pearce, John Carson, Alex Davion. 91 Minuten. Technicolor.

The Reptile (Das schwarze Reptil). GB. P: Hammer/Seven Arts (Anthony Nelson Keys). R: John Gilling. B: John Elder. K: Arthur Grant. M: Don Banks. SpE: Bowie Films. Ma: Roy Ashton. D: Noel Willman, Ray Barrett, Jenni-

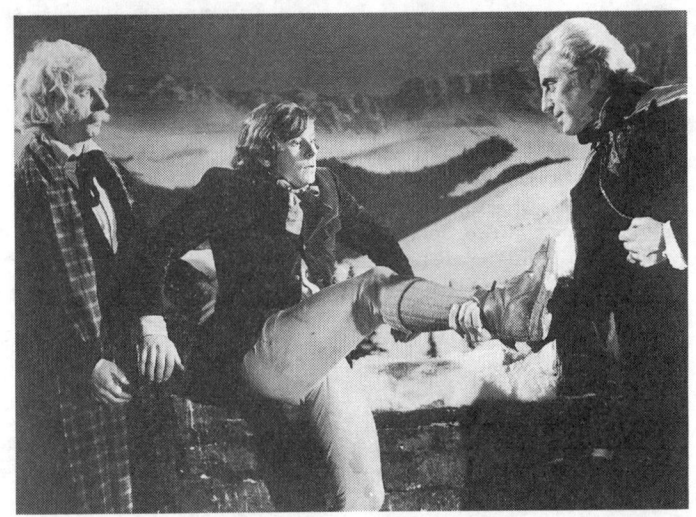

fer Daniel, Jacqueline Pearce, Michael Ripper, George Woodbridge, Charles Lloyd-Pack. 91 Minuten. Technicolor.

1967

The Fearless Vampire Killers, or Pardon Me, Your Teeth Are in My Neck (Tanz der Vampire). GB. P: Cadre Films/Filmways (Gene Gutowski). R: Roman Polanski. B: Roman Polanski/Gérard Brach. K: Douglas Slocombe. M: Krzysztof Komeda. Ma: Tom Smith. D: Jack MacGowran, Roman Polanski, Sharon Tate, Alfie Bass, Ferdy Mayne, Terry Downes, Jessie Robbins, Fiona Lewis, Iain Quarrier, Ronald Lacey, Sydney Bromley, Otto Diamant. 118 Minuten. Metrocolor. V: MGM/UA.

Frankenstein Created Women (Frankenstein schuf ein Weib). GB/USA. P: Hammer/Seven Arts (Anthony Nelson Keys). R: Terence Fisher. B: John Elder. K: Arthur Grant. M: James Bernard. SpE: Les Bowie. Ma: George Partleton. D: Peter Cushing, Susan Denberg, Thorley Walters, Robert Morris, Peter Blythe, Barry Warren, Duncan Lamont. 92 Minuten. Technicolor.

1968

Dracula Has Risen From the Grave (Draculas Rückkehr). GB. P: Hammer (Aida Young). R: Freddie Francis. B: John Elder. K: Arthur Grant. M: James Bernard. SpE: Frank George. D: Christopher Lee, Rupert Davies, Veronica Carlson, Barbara Ewing, Barry Andrews, Michael Ripper. 92 Minuten. Technicolor. V: Warner.

Night of the Living Dead (Die Nacht der lebenden Toten). USA. P: Image 10 (Russell Streiner/Karl Hardman). RK: George A. Romero. B: John A. Russo. SpE: Regis Survinsky/Tony Pantanello. D: Duane Jones, Judith O'Dea, Russell Streiner, Karl Hardman, Keith Wayne, Judith Ridley, Marilyn Eastman, Kyra Schon. 96 Minuten. V: EuroVideo.

Rosemary's Baby (Rosemarys Baby). USA. P: Castle Prod. (William Castle). RB: Roman Polanski. K: William Fraker. M: Krzysztof Komeda. SpE: Farciot Edouart. Ma: Allan Snyder. D: Mia Farrow, John Cassavetes, Ruth Gordon, Sidney Blackmer, Maurice Evans, Ralph Bellamy, Patsy Kelly, Elisha Cook, Angela Dorian, Emmaline Henry, Marianne Gordon. 136 Minuten. Technicolor.

The Witchfinder General (Der Hexenjäger). GB. P: Tigon/AIP (Arnold L. Miller/Louis M. Heyward). R: Michael Reeves. B: Michael Reeves/Tom Baker. K: Johnny Coquillon. M: Paul Ferris. SpE: Roger Dicken. D: Vincent Price, Ian Ogilvy, Hilary Dwyer, Rupert Davies, Patrick Wymark, Wilfried Brambell, Michael Beint, Nicky Henson, John Trenaman, William Maxwell. 87 Minuten. Eastmancolor. V: VPS.

1969

Frankenstein Must Be Destroyed (Frankenstein muß sterben). GB. P: Hammer (Anthony Nelson Keys). R: Terence Fisher. B: Bert Batt. K: Arthur Grant. M: James Bernard. Ma: Eddie Knight. D: Peter Cushing, Veronica Carlson, Simon Ward, Freddie Jones, Thorley Walters, Maxine Audley, George Prauda, Geoffrey Bayldon. 97 Minuten. Technicolor. V: Warner.

L'uccelle dalle piume di cristallo (Das Geheimnis der schwarzen Handschuhe). I/BRD. P: CCC/Seda Spettacoli. RB: Dario Argento. K: Vittorio Storaro. M: Ennio Morricone. D: Tony Musante, Suzy Kendall, Eva Renzi, Werner Peters, Mario Adorf, Umberto Raho. 94 Minuten. Technicolor. V: TopPic.

1970

Cry of the Banshee (Der Todesschrei der Hexen). GB. P: AIP (James H. Nicholson/Samuel Z. Arkoff). R: Gordon Hessler. B: Tim Kelly/Christopher Wicking. K: John Coquillon. M: Les Baxter. D: Vincent Price, Elisabeth Bergner, Essy Persson, Hugh Griffith, Patrick Mower, Hilary Dwyer, Sally Geeson, Robert Hutton. 87 Minuten. Movielab-Color.

The Horror of Frankenstein (Frankensteins Schrecken). GB. P: Hammer (Jimmy Sangster). R: Jimmy Sangster. B: Jimmy Sangster/Jeremy Burnham. K: Moray Grant. M: Malcolm Williamson. Ma: Tom Smith. D: Ralph Bates, Kate O'Mara, Graham James, Veronica Carlson, Dennis Price, Joan Rice, David Prowse. 95 Minuten. Technicolor. V: Thorn-EMI.

Jonathan. BRD. P: Beta/Iduna-Film. RB: Hans W. Geissendörfer. K: Robert Müller, M: Roland Kovac. D: Paul Albert Krumm, Jürgen Jung, Oskar von Schab, Hans-Dieter Jendreyko, Eleonore Schminke, Thomas Astan, Hertha von Walter, Ilona Grübel, Sophie Strelow, Alexander May. 97 Minuten. Farbe.

Scars of Dracula (Dracula – Nächte des Entsetzens). GB. P: Hammer (Aida Young). R: Roy Ward Baker. B: John Elder. K: Moray Grant. M: James Bernard. SpE: Roger Dicken. Ma: Wally Schneidermann. D: Christopher Lee, Dennis Waterman, Jenny Hanley, Christopher Matthews, Patrick Troughton, Michael Gwynn, Wendy Hamilton, Anoushka Hempel. 96 Minuten. Technicolor. V: Thorn-EMI.

Taste the Blood of Dracula (Wie schmeckt das Blut von Dracula?). GB. P: Hammer (Aida Young). R: Peter Sasdy. B: John Elder. K: Arthur Grant. M: James Bernard. SpE: Brian Johncock. Ma: Gerry Fletcher. D: Christopher Lee, Geoffrey Keen, Gwen Watford, Linda Hayden, Peter Sallis, Anthony Corlan, Isla Blair, John Carson, Martin Jarvis, Ralph Bates. 95 Minuten. Technicolor. V: Warner *(Das Blut von Dracula)*.

The Vampire Lovers (Gruft der Vampire). GB. P: Hammer (Harry Fine/Michael Style). R: Roy Ward Baker. B: Tudor Gates (nach der Erzählung »Carmilla« von Sheridan Le Fanu). K: Moray Grant. M: Harry Robinson. D: Ingrid Pitt, Pippa Steele, Madeleine Smith, Peter Cushing, George Cole, Dawn Addams, Kate O'Mara, Douglas Wilmer, Jon Finch. 91 Minuten. Technicolor. V: Heres.

1971

The Abominable Dr. Phibes (Das Schreckenskabinett des Dr. Phibes). USA/GB. P: AIP (Louis M. Heyward/Ronald S. Dunas). R: Robert Fuest. B: James Whiton/William Goldstein. K: Norman Warwick. M: Basil Kirchin. Ma: Trevor Crole-Rees. D: Vincent Price, Joseph Cotten, Virginia North, Terry-Thomas, Hugh Griffith, Peter Jeffrey, Derek Godfrey. 94 Minuten. Movielab-Color.

Dracula A. D. 1972 (Dracula jagt Mini-Mädchen). GB. P: Hammer (Josephine Douglas). R: Alan Gibson. B: Don Houghton. K: Dick Bush. M: Michael Vickers. SpE: Les Bowie. Ma: Jill Carpenter. D: Christopher Lee, Peter Cushing, Stephanie Beacham, Michael Coles, Marsha Hunt, Christopher Neame, William Ellis, Philip Miller, Michael Kitchen, David Andrews. 95 Minuten. Eastmancolor. V: Warner.

1972

Asylum (Asylum). GB. P: Amicus (Milton Subotsky/Max J. Rosenberg). R: Roy Ward Baker. B: Robert Bloch (nach seinen Kurzgeschichten). K: Denys Coop. M: Douglas Gamley. SpE: Ernie Sullivan. Ma: Roy Ashton. D: Patrick Magee, Peter Cushing, Herbert Lom, Britt Ekland, Charlotte Rampling, Richard Todd, Barbara Parkins, Robert Powell, Sylvia Sims, Barry Morse. 88 Minuten. Eastmancolor. V: VMP

La noche del terror ciego (Die Nacht der reitenden Leichen). Spanien/Portugal. P: Plata/Inter-

filme (Salvadore Romero). RB: Amando de Ossorio. K: Pablo Ripoli. M: Anton Garcia Abril. Ma: Jose Luis Campos. D: Lone Fleming, Cesar Burner, Helen Hays, Joseph Thelman, Victoria Llimera, Rufino Ingles, Maria Silva, Juan Cortes, Antonio Orengo. 86 Minuten. Farbe. V: VMP.

Tales From the Crypt (Geschichten aus der Gruft). GB. P: Amicus (Milton Subotsky/Max J. Rosenberg). R: Freddie Francis. B: Milton Subotsky. K: Norman Warwick/John Harris. M: Douglas Gambley. Ma: Roy Ashton. D: Ralph Richardson, Joan Collins, Martin Boddey, Ian Hendry, Susan Denny, Angie Grant, Peter Cushing, Robin Phillips, David Markham, Patrick Magee. 92 Minuten. Eastmancolor.

El ataque de los muertos sin ojos (Die Rückkehr der reitenden Leichen). Spanien/BRD. P: Ancla. RB: Amando de Ossorio. K: Miguel F. Mila. M: Anton Garcia Abril. D: Tony Kendall, Fernando Sancho, Esther Roy, Frank Brana, Lone Fleming. 91 Minuten. Farbe. V: VMP.

Carne per Frankenstein (Andy Warhols Frankenstein). I/F. P: Warhol/CCC/Ponti/Yanne/Rassam. RB: Paul Morissey. K: Luigi Kuveiller. M: Claudio Gizzi. SpE: Carlo Rimbaldi. Ma: Mario Di Salvio. D: Joe Dallesandro, Udo Kier, Monique van Vooren, Arno Juerging, Fiorella Masselli, Imelde Marani, Rosita Torosh, Lio Bosisio, Aleksic Miomir. 94 Minuten. Eastmancolor. V: TopPic.

Don't Look Now (Wenn die Gondeln Trauer tragen). GB/I. P: Casey/Eldorado (Peter Katz). R: Nicholas Roeg. B: Allan Scott/Chris Bryant/Akos Tolnay (nach der Erzählung von Daphne du Maurier). K: Anthony Richmond. M: Pino Donaggio. D: Julie Christie, Donald Sutherland, Hilary Mason, Clelia Matania, Massimo Serato, Adelina Poerio, Leopoldo Trieste, Renato Scarpa, Giorgio Trestini, David Tree. 110 Minuten. Technicolor. V: Taurus.

The Exorcist (Der Exorzist). USA. P: Hoya (William Peter Blatty). R: William Friedkin. B: William Peter Blatty (nach seinem

Roman). K: Owen Roizman/Billy Williams. M: Hans Werner Henze/Jack Nitzsche. SpE: Marv Ystrom/Marcel Vecoutere. Ma: Dick Smith. D: Ellen Burstyn, Max von Sydow, Lee J. Cobb, Linda Blair, Kitty Wynn, Jack McGowran, Jason Miller, William O'Malley, Barton Heyman, Peter Masterson. 122 Minuten. Metrocolor. V: Warner.

The Satanic Rites of Dracula (Dracula braucht frisches Blut). GB. P. Hammer (Roy Skeggs). R: Alan Gibson. B: Don Houghton. K: Brian Probyn. M: John Cacavas. SpE: Les Bowie. Ma: George Blackler. D: Christopher Lee, Peter Cushing, Barbara Yu-Ling, Patrick Barr, Lockwood West, Freddie Jones, Michael Coles, Joanna Lumley, William Franklyn. 88 Minuten. Technicolor.

Sisters (Die Schwestern des Bösen). USA. P: Pressman-Williams (Edward A. Pressman). R: Brian de Palma. B: Brian de Palma/Louise Rose. K: Gregory Sandor. M: Bernard Herrmann. D: Margot Kidder, Jennifer Salt, Charles Durning, William Finley, Lisle Wilson, Dolph Sweet, Mary Davenport, Bernard Hughes. 92 Minuten. Movielab-Color. V: Screentime.

Theatre of Blood (Theater des Grauens). GB. P: Cineman (John Kohn/Stanley Mann). R: Douglas Hickox. B: Anthony Greville-Bell. K: Wolfgang Suschitzky. M:

Michael J. Lewis. SpE: John Stears. Ma: George Blackler. D: Vincent Price, Diana Rigg, Ian Hendry, Harry Andrews, Coral Browne, Robert Coote, Jack Hawkins, Michael Hordern, Arthur Lowe, Robert Morley, Dennis Price. 102 Minuten. DeLuxe-Color. V: Warner.

1974

Dracula vuole vivere: cerca sangue di vergine (Andy Warhols Dracula). I. P: Warhol/CCC/Ponti/Yanne/Rassam. RB: Paul Morissey. K: Luigi Kuveiller. M: Claudio Gizzi. SpE: Carlo Rambaldi. Ma: Mario Di Salvio. D: Joe Dallesandro, Udo Kier, Maxime de la Falaise, Vittorio de Sica, Arno Juerging, Dominique Barel, Stefanie Casini, Silvia Dioniso. 103 Minuten. Farbe. V: Top-Pic.

Frankenstein and the Monster From Hell. GB. P: Hammer (Roy Skeggs). R: Terence Fisher. B: John Elder. K: Brian Probyn. M: James Bernard. Ma: Eddie Knight. D: Peter Cushing, Shane Briant, Madeline Smith, John Stratton, Bernard Lee, Dave Prowse, Charles Lloyd-Pack. 99 Minuten. Technicolor.

It's Alive (Die Wiege des Bösen). USA. P: Larco (Larry Cohen). RB: Larry Cohen. K: Fenton Hamilton. M: Bernard Herrmann. Ma: Rick Baker. D: John Ryan, Sharon Farrell, James Dixon, Michael Ansara, Andrew Duggan,

Guy Stockwell, William Wellman jr., Robert Emhardt, Shamus Locke, Mary Nancy Burnett. 91 Minuten. Technicolor.

Phantom of the Paradise (Phantom im Paradies). USA. P: Pressman-Williams (Edward R. Pressman). RB: Brian de Palma. K: Larry Pizer/Ronald Taylor. M: Paul Williams. SpE Greg Auer. Ma: Rolf Miller. D: Paul Williams, William Finley, Jessica Harper, George Memmoli, Gerrit Graham, Henry Calver, Jeffrey Comanor, Archie Hahn, Harold Oblong. 91 Minuten. Movielab-Color.

The Texas Chainsaw Massacre (Blutgericht in Texas). USA. P: Vortex (Tobe Hooper). R: Tobe Hooper. B: Tobe Hooper/Kim Henkel. K: Daniel Pearl. M: Tobe Hooper/Wayne Bell. Ma: W. E. Barnes. D: Marilyn Burns, Allen Danziger, Paul A. Pertain, William Vail, Teri McMinn, Edwin

Neal, Gunnar Hansen, John Dugan, Jerry Lorenz. 81 Minuten. CFI-Color.

Young Frankenstein (Frankenstein junior). USA. P: Gruskoff/Venture/Jouer/Crossbow (Michael Gruskoff). R: Mel Brooks. B: Mel Brooks/Gene Wilder. K: Gerald Hirschfeld. M: John Morris. SpE: Hal Millar/Henry Miller jr./Kenneth Strickfaden. Ma: William Tuttle. D: Gene Wilder, Peter Boyle, Madeline Kahn, Cloris Leachman, Marty Feldman, Teri Garr, Kenneth Mars, Gene Hackman, Richard Haydn, Liam Dunn. 108 Minuten. V: CBS/Fox.

1975

The Parasite Murders (Parasiten-Mörder). Kanada. P: Cinepix/CFDC (Ivan Reitman). RB: David Cronenberg. K: Robert Saad. M: Ivan Reitman. Ma: Joe Blasco. D: Paul Hampton, Joe Silver, Lynn Lowry, Allan Macikovsky, Susan Petrie, Barbara Steele, Ronald Mlodzik, Barry Boldero. 87 Minuten. Eastmancolor. V: Euro-Video.

The Rocky Horror Picture Show (The Rocky Horror Picture Show). GB. P: White-Adler (Lou Adler). R: Jim Sharman. B: Richard O'Brien/Jim Sharman. K: Peter Suschitzky. M: Richard O'Brien. SpE: Wally Veevers. Ma: Peter Robb-King. D: Tim Curry, Susan Sarandon, Barry Bostwick, Charles Gray, Peter

Hinwood, Meatloaf, Richard O'Brien, Jonathan Adams, Patricia Quinn, Nell Campbell. 101 Minuten. Farbe. V: CBS/Fox.

1976

Carrie (Carrie – des Satans jüngste Tochter). USA. P: Red Bank (Paul Monash). R: Brian de Palma. B: Lawrence D. Cohen (nach dem Roman von Stephen King). K: Mario Tosi. M: Pino Donaggio. SpE: Greg Auer/Kenneth Pepiot. D: Sissy Spacek, John Travolta, Piper Laurie, Amy Irving, William Katt, Nancy Allen, Betty Buckley, P. J. Soles, Sydney Lassick, Priscilla Pointer. 98 Minuten. DeLuxe-Color. V: Warner.

Death Trap (Blutrausch). USA. P: Mars (Mohammed Rustam). R: Tobe Hooper. B: Alvin L. Fast/Mardi Rustam. K: Robert Caramico. M: Tobe Hooper/Wayne Bell. D: Neville Brand, Mel Ferrer, Ca-rolyn Jones, Stuart Whitman, William Finley, Marilyn Burns, Roberta Collins, Janis Lynn, Crystin Sinclaire. 89 Minuten. Farbe. V: ITT Contrast.

Le Locataire (Der Mieter). F/USA. P: Marianne (Andrew Braunsberg). R: Roman Polanski. B: Gérard Brach/Roman Polanski (nach dem Roman »Le Locataire chimerique« von Roland Topor). K: Sven Nykvist. M: Philippe Sarde. SpE: Jean Fouche. D: Roman Polanski, Isabelle Adjani, Shelley Winters, Melvyn Douglas, Jo van Fleet, Lila Kedrova, Bernard Fresson, Rufus, Claude Pieplu. 126 Minuten. Eastmancolor.

The Omen (Das Omen). USA. P: 20th-Century Fox (Harvey Bernhard). R: Richard Donner. B: David Seltzer. K: Gilbert Taylor. M: Jerry Goldsmith. SpE: John Richardson. Ma: Stuart Freeborn. D: Gregory Peck, Lee Remick, David Warner, Billie Whitelaw, Leo McKern, Harvey Stephens, Patrick Troughton, Anthony Nicholls, Martin Benson, Sheila Raynor. 111 Minuten. DeLuxe-Color. V: CBS/Fox.

1977

Eraserhead (Eraserhead). USA. P: Libra/AFI (David Lynch). RBSpE: David Lynch. K: Frederick Elmes/Herbert Cardwell. D: Jack Nance, Charlotte Stewart, Allen Joseph, Jeanne Bates, Judith Anna Roberts, Laurel Near,

V. Phipps-Wilson, Jack Fisk, Jean Lange, Thomas Coulson. 90 Minuten.

Exorcist 2: The Heretic (Exorzist 2: Der Ketzer). USA. P: Warner Brothers (Richard Lederer/John Boorman). R: John Boorman. B: William Goodhart. K: William A. Fraker. M: Ennio Morricone. SpE: Albert Whitlock/Van der Veer Photo Effects. Ma: Dick Smith. D: Linda Blair, Richard Burton, Louise Fletcher, Max von Sydow, Kitty Wynn, Paul Henreid, James Earl Jones, Belinda Beatty, Barbara Carson. 117 Minuten. Technicolor. V: Warner.

The Hills Have Eyes (Hügel der blutigen Augen). USA. P: Blood Relations. RB: Wes Craven. K: Eric Saarinen. M: Don Peake. SpE: John Frazier/Greg Auer. Ma: Ken Horn/Dave Ayres. D: Virginia Vincent, Robert Houston, Susan Lanier, Martin Speer, James Whitworth, Russ Grieve, Dee Wallace, John Steadman, Michael Berryman. 90 Minuten. Movielab-Color. V: All.

Rabid (Rabid – der brüllende Tod). Kanada. P: Cinema Entertainment Enterprises/CFDC (John Dunning). RB David Cronenberg. K: René Verzier. M: Ivan Reitman. Ma: Joe Blasco/Byrd Holland. D: Marilyn Chambers, Joe Silver, Howard Ryshpan, Patricia Gage, Susan Roman, Frank Moore, J. Roger Periard, Lynne Deragon, Terry Schonblum. 91 Minuten. Eastmancolor.

The Sentinel (Hexensabbat). USA. P: Universal (Jeffrey Konvitz). R: Michael Winner. B: Michael Winner/Jeffrey Konvitz (nach dem Roman von Jeffrey Konvitz). K: Dick Kratina. M: Gil Melle. SpE: Albert Whitlock. Ma: Dick Smith/Bob Laden. D: Chris Sarandon, Christina Raines, Martin Balsam, Jose Ferrer, Ava Gardner, Arthur Kennedy, Burgess Meredith, Deborah Raffin, Eli Wallach. 92 Minuten. Technicolor. V: CIC.

Suspiria (Suspiria). I. P: Seda Spettacoli (Claudio Argento). R: Dario Argento. B: Dario Argento/Daria Nicolodi. K: Luciano Tovoli. M: Dario Argento/The Goblins. SpE: Germano Natali. D: Jessica Harper, Stefania Casini, Joan Bennett, Alida Valli, Flavio Bucci, Udo Kier, Rudolf Schündler. 97 Minuten. Eastmancolor. V: VMP.

1978

Damien: Omen 2 (Damien – Omen 2). USA. P: 20th-Century Fox (Harvey Bernhard). R: Don Taylor. B: Stanley Mann/Michael Hodges. K: Bill Butler/Gil Taylor. M: Jerry Goldsmith. SpE: Ira Anderson jr. D: William Holden, Lee Grant, Jonathan Scott-Taylor, Robert Foxworth, Nicholas Pryor, Lew Ayres, Sylvia Sidney, Lance Henriksen. 109 Minuten. DeLuxe-Color. V: CBS/Fox.

The Fury (Teufelskreis Alpha). USA. P: 20th-Century Fox/Yab-lans (Ron Preissman). R: Brian de Palma. B: John Farris (nach seinem Roman). K: Richard H. Kline. M: John Williams. SpE: A. D. Flowers. Ma: Rick Baker/William Tuttle. D: Kirk Douglas, John Cassavetes, Carrie Snodgress, Charles Durning, Amy Irving, Fiona Lewis, Andrew Stevens, Carol Rossen, Rutanya Alda. 117 Minuten. DeLuxe-Color. V: CBS/Fox.

Halloween (Halloween – Die Nacht des Grauens). USA. P: Falcon Int'l (Frank Yablans). RM: John Carpenter. B: John Carpenter/Debra Hill. K: Dean Cundey. Ma Erica Ulland. D: Donald Pleasence, Jamie Lee Curtis, Nancy Loomis, P. J. Soles, Charles Cyphers, Brian Andrews, Kyle Richards, Nancy Stephens, John Michael Graham, Mickey Yablans, Adam Hollander. 91 Minuten. Metrocolor. V: Warner.

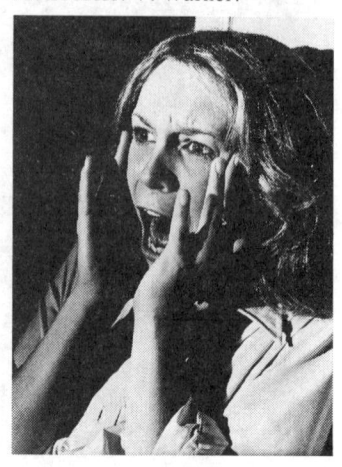

It Lives Again (Die Wiege des Satans). USA. P: Larco (Larry Cohen). RB: Larry Cohen. K: Fenton Hamilton. M: Bernard Herrmann/Laurie Johnson. Ma: Rick Baker. D: Frederic Forrest, John Ryan, Andrew Duggan, Kathleen Lloyd, John Marley, Eddie Constantine. 91 Minuten. Technicolor. V: Warner.

Martin (Martin). USA. P: Libra/Laurel (Braddock). RB: George A. Romero. K: Michael Gornick. M: Donald Rubinstein. Ma: Tom Savini. D: John Amplas, Lincoln Maazel, Christine Forrest, Elayne Nadeau, Sarah Venable, Tom Savini, Al Levitsky, Fran Middleton. 95 Minuten. Farbe. V: UfA.

1979

Alien (Alien – das unheimliche Wesen aus einer fremden Welt). USA/GB. P: 20th-Century Fox/Brandywine (Walter Hill/Gordon Carroll/David Giler). R: Ridley Scott. B: Dan O'Bannon/Walter Hill/David Giler. K: Derek Vanlint. M: Jerry Goldsmith. SpE: Brian Johnson/Nick Allder. D: Tom Skerritt, Sigourney Weaver, Veronica Cartwright, Harry Dean Stanton, John Hurt, Yaphet Kotto, Ian Holm, Bolaji Badejo. 117 Minuten. Eastmancolor. V: CBS/Fox.

The Amityville Horror (Amityville Horror). USA. P: AIP/Cinema 77 (Ronald Saland/Elliot Geisinger). R: Stuart Rosenberg. B: Sandor Stern (nach dem Buch von Jay Anson). K: Fred J. Koenekamp. M: Lalo Schifrin. SpE: William Cruse. Ma: Steve Abrums. D: James Brolin, Margot Kidder, Rod Steiger, Don Stroud, Murray Hamilton, John Larch, Natasha Ryan, K. C. Martel, Meeno Peluce. 118 (101) Minuten. Movielab-Color. V: Thorn-EMI.

Anthropophagus (Man Eater – Der Menschenfresser). I. P: Filmirage. R: Aristide Massaccesi. B: Luigi Montefiori/Aristide Massaccesi. K: Enrico Biribicchi. M: Marcello Giombini. D: Tisa Farrow, Saverio Vallone, Margaret Donnelly, Mark Bodin, Bob Larson, Luigi Montefiori. 85 Minuten. Eastmancolor.

The Brood (Die Brut). Kanada. P: Les Productions Mutuelles/Elgin/CFCD (Claude Heroux). RB: David Cronenberg. K: Mark Ir-

239

win. M: Howard Shore. SpE: Allan Kotter. Ma: Jack Young/Dennis Pike. D: Oliver Reed, Samantha Eggar, Art Hindle, Cindy Hinds, Nuala Fitzgerald, Henry Beckerman, Susan Hogan, Michael McGhee, Gary McKeehan, Bob Silverman. 91 Minuten. Eastmancolor. V: TopPic.

Dawn of the Dead (Zombie). USA. P: Laurel Group (Richard Rubinstein). RB: George A. Romero. K: Michael Gornick. M: Dario Argento/The Goblins. Ma: Tom Savini. D: David Emge, Ken Foree, Scott H. Reiniger, Gaylen Ross, David Crawford, David Early, Richard France, Howard Smith, Daniel Dietrich, Fred Baker. 125 (118) Minuten. Technicolor. V: Marketing.

Dracula (Dracula). GB. P: Mirish Company (Marvin Mirisch/Tom Pevsner). R: John Badham. B: W. D. Richter (nach der Erzählung von Bram Stoker und dem Bühnenstück von Hamilton Deane und John L. Balderstone). K: Gilbert Taylor. M: John Williams. SpE: Roy Arbogast/Albert Whitlock. Ma: Peter Robb-King. D: Frank Langella, Laurence Olivier, Donald Pleasence, Kate Nelligan, Trevor Eve, Jan Francis, Tony Haygarth, Duvitski, Teddy Turner. 112 Minuten. Technicolor. V: CIC.

Love At First Bite (Liebe auf den ersten Biß). USA. P: Simon (Joel Freeman). R: Stan Dragoti. B:

Robert Kaufman. K: Edward Rosson. M: Charles Bernstein. Ma: William Tuttle. D: George Hamilton, Susan Saint James, Richard Benjamin, Dick Shawn, Arte Johnson, Sherman Helmsley, Isabel Sanford, Barry Gordon, Ronnie Schell. 96 Minuten. Farbe. V: VPS.

Nosferatu – Phantom der Nacht. BRD/F. P: Gaumont/ZDF/Herzog Prod. (Werner Herzog). RB: Werner Herzog (nach dem Film von F. W. Murnau). K: Jörg Schmidt-Reitwein. M: Popol Vuh/ Richard Wagner/Charles Gounod/ Vok Ansambl Gordela. SpE: Cornelius Siegel. Ma: Reiko Kruk. D: Klaus Kinski, Isabelle Adjani, Bruno Ganz, Jacques Dufilho, Roland Topor, Walter Ladengast, Dan van Husen, Jan Groth, Carsten Bodinus, Martje Grohmann. 107 Minuten. Eastmancolor.

Phantasm (Das Böse). USA. P: GTO/Pepperman (Don Coscarelli). RBK: Don Coscarelli. M: Fred Myrow/Malcolm Seagrave. SpE:

Paul Pepperman. Ma: Shirley Mae. D: Michael Baldwin, Bill Thornbury, Reggie Bannister, Kathy Lester, Terrie Kalbus, Ken Jones, Susan Harper, Lynn Eastman, Angus Scrimm. 89 Minuten. Farbe. V: Constantin.

Salem's Lot (Brennen muß Salem). USA. P: Warner Brothers TV (Richard Kobritz). R: Tobe Hooper. B: Paul Monash (nach dem Roman von Stephen King). K: Jules Brenner. M: Harry Sukman. Ma: Jack Young. D: David Soul, James Mason, Lance Kerwin, Bonnie Bedelia, Lew Ayres, Elisha Cook. 200 (100) Minuten. Farbe. V: Warner.

When A Stranger Calls (Das Grauen kommt um zehn). USA. P: Simon Film (Doug Chapin). R: Fred Walton. B: Steve Feke/Fred Walton. K: Don Peterman. M: Dana Kaproff. D: Carol Kane, Charles Durning, Colleen Dewhurst, Tony Beckley, Rachel Roberts, Rutanya Alda, Carmen Argenziano, Ron O'Neal. 97 Minuten. Farbe. V: VPS.

Zombi 2 (Woodoo – Die Schrekkensinsel der Zombies). I. P: Variety (Ugo Tucci/Fabrizio de Angelis). R: Lucio Fulci. B: Elisa Briganti. K: Sergio Salvati. M: Fabio Frizzi/Giorgio Tucci. Ma: Gianneto de Rossi. D: Tisa Farrow, Ian McCulloch, Richard Johnson, Al Cliver, Auretta Gay, Olga Karlatos. 91 Minuten. Farbe. V: Marketing.

1980

Dressed to Kill (Dressed to Kill). USA. P: Cinema 77 (George Litto). RB: Brian de Palma. K: Ralf Bode. M: Pino Donaggio. Ma: Robert Laden. D: Michael Caine, Angie Dickinson, Nancy Allen, Keith Gordon, Dennis Franz, David Margulies, Ken Baker, Brandon Maggert, Susanna Clemm. 105 Minuten. Technicolor. V: Thorn-EMI.

The Elephant Man (Der Elefantenmensch). USA. P: Brooksfilms (Stuart Cornfield). R: David Lynch. B: Christopher DeVore/Eric Bergren/David Lynch (nach »The Elephant Man And Other Reminiscences« von Sir Frederick

Treves und »The Elephant Man: A Study in Human Dignity« von Ashley Montagu). K: Freddie Francis. M: John Morris/Samuel Barber. Ma: Christopher Tucker. D: Anthony Hopkins, John Hurt, Anne Bancroft, John Gielgud, Wendy Hiller, Freddie Jones, Michael Elphick, Hannah Gordon, Helen Ryan, John Standing. 125 Minuten. V: Thorn-EMI.

The Fog (Der Nebel des Grauens). USA. P: Hilltopper (Debra Hill). RM: John Carpenter. B: John Carpenter/Debra Hill. K: Dean Cundey. SpE: James F. Files. Ma: Rob Bottin. D: Adrienne Barbeau, Hal Holbrook, Janet Leigh, Jamie Lee Curtis, John Houseman, Tommy Atkins, Nancy Loomis, Charles Cyphers, Ty Mitchell, Rob Bottin. 91 Minuten. Metrocolor. V: Embassy.

Friday the 13th (Freitag, der 13.). USA. P: Georgetown (Sean S. Cunningham). R: Sean Cunningham. B: Victor Miller. K: Barry Abrams. M: Harry Manfredini. Ma: Tom Savini. D: Betsy Palmer, Adrienne King, Harry Crosby, Laurie Bertram, Mark Nelson, Jeannine Taylor, Robbi Morgan, Kevin Bacon, Ari Lehman. 95 Minuten. DeLuxe-Color. V: Warner.

Inferno (Horror infernal). I. P: Intersound (Claudio Argento). RB: Dario Argento. K: Romano Albani. M: Keith Emerson. SpE: Germano Natali/Mario Bava/Pino Leoni. D: Irene Miracle, Leigh McCloskey, Sacha Pitoeff, Daria Nicolodi, Eleonora Giorgi, Veronica Lazar, Alida Valli, Feodor Chaliapin. 107 Minuten. Technicolor. V: CBS/Fox.

Maniac (Maniac). USA. P: Magnum Motion Pictures (Andrew Garroni/William Lustig). R: William Lustig. B: C. A. Rosenberg/ Joe Spinell. K: Robert Lindsay. M: Jay Chattaway. Ma: Tom Savini. D: Joe Spinell, Caroline Munro, Gail Lawrence, Kelly Piper, Rita Montone, Tom Savini, Hyla Marrow. 91 Minuten. TVC-Color.

Mother's Day (Muttertag). USA. P: Kravitz-Kaufman (Michael Kravitz/Charles Kaufman). R: Charles Kaufman. B: Charles Kaufman/Warren D. Leight. K: Joe Mangine. M: Phil Gallo/Clem Vicari. D: Nancy Hendricksen, Deborah Luce, Tiana Pierce, Holden McGuire, Billy Ray McQuade, Rose Ross, Kevin Loew, Karl Sandys. 98 Minuten. Farbe.

La Paura (Ein Zombie hing am Glockenseil). I. P: Dania/National Cinematografica. R: Lucio Fulci. B: Lucio Fulci/Dardano Sarchetti. K: Sergio Salvati. M: Fabio Frizzi. Ma: Franco Rufini. D: Christopher George, Catriona McColl, Janet Agren, Carlo de Mejo, Antonella Interlenghi, Giovanni Lombardo Radice. 83 Minuten. Eastmancolor. V: EuroVideo.

Prom Night (Prom Night – Die Nacht des Schlächters). USA. P:

Simcom (Peter Simpson). R: Paul Lynch. B: William Gray. K: Robert New. M: Carl Zittrer/Paul Zaza. D: Leslie Nielsen, Jamie Lee Curtis, Casey Stevens, Eddie Benton, Antoinette Bower, Michael Tough, Robert Silverman, Pita Oliver, David Mucci. 91 Minuten. Medaillon-Color.

The Shining (Shining). USA/GB. P: Hawk Films (Stanley Kubrick). R: Stanley Kubrick. B: Stanley Kubrick/Diane Johnson (nach dem Roman von Stephen King). K: John Alcott. M: Bela Bartok/ Wendy Carlos/Rachel Elkind/ György Lygeti. Ma: Tom Smith. D: Jack Nicholson, Shelley Duvall, Danny Lloyd, Scatman Crothers, Barry Nelson, Philip Stone, Joe Turkel, Anne Jackson, Tony

Burton. 146 (119) Minuten. Farbe. V: Warner.

Terror Train (Monster im Nachtexpreß). Kanada. P: Astral Bellevue Pathé (Harold Greenberg). R: Roger Spottiswoode. B: T. Y. Drake. K: John Alcott. M: John Mills-Cockell. Ma: Alan Friedman. D: Ben Johnson, Jamie Lee Curtis, Hart Bochner, David Copperfield, Derek MacKinnon, Sandree Currie, Timothy Webber, Anthony Sherwood, Howard Busgang. 97 Minuten. De-Luxe-Color.

1981

An American Werewolf in London (American Werewolf). GB. P: Lycanthrope Films (George

Folsey jr.). RB: John Landis. K: Robert Paynter. M: Elmer Bernstein. Ma: Rick Baker. D: David Naughton, Jenny Agutter, Griffin Dunne, John Woodvine, Brian Glover, David Schofield, Lila Kaye, Paul Kember, Don McKillop, Frank Oz. 97 Minuten. Technicolor. V: Polygram.

The Final Conflict (Barbaras Baby – Omen 3). USA. P: 20th-Century Fox (Harvey Bernhard). R: Graham Baker. B: Andrew Birkin. K: Robert Paynter. M: Jerry Goldsmith. SpE: Ian Wingrove. Ma: Freddie Williamson. D: Sam Neill, Rossano Brazzi, Don Gordon, Lisa Harrow, Leueen Willoughby, Barnaby Holm, Mason Adams, Robert Arden, Tommy Duggan, Louis Mahoney. 108 Minuten. DeLuxe-Color. V: CBS/Fox.

Friday the 13th Part 2 (Freitag, der 13. – Teil 2). USA. P: Georgetown (Steve Miner). R: Steve Miner. B: Ron Kurz. K: Peter Stein.

M: Harry Manfredini. SpE: Steve Kirchhoff. D: Amy Steel, John Furey, Adrienne King, Kirsten Baker, Stu Charno, Warrington Gillette, Walt Gorney, Marta Kober, Tom McBride. 87 Minuten. DeLuxe-Color. V: CIC.

The Funhouse (Kabinett des Schreckens). USA. P: Neufeld-Power (Derek Power/Steven Bernhardt). R: Tobe Hooper. B: Larry Block. K: Andrew Laszlo. M: John Beal. Ma: Rick Baker/Craig Reardon. D: Elizabeth Berridge, Cooper Huckabee, Miles Chapin, Largo Woodruff, Sylvia Miles, Kevin Conway, William Finley, Wayne Doba, Shawn Carson. 96 Minuten. Technicolor.

Ghost Story (Zurück bleibt die Angst). USA. P: Universal (Burt Weissbourd). R: John Irvin. B: Lawrence D. Cohen (nach dem

Roman von Peter Straub). K: Jack Cardiff. M: Philippe Sarde. SpE: Albert Whitlock. Ma: Dick Smith. D: Fred Astaire, Douglas Fairbanks jr., Melvyn Douglas, John Houseman, Craig Wasson, Alice Krige, Jacqueline Brooks, Patricia Neal, Miguel Fernandes, Lance Holcomb. 110 Minuten. Technicolor. V: CIC.

Halloween 2 (Halloween 2 – Das Grauen kehrt zurück). USA. P: Dino de Laurentiis Corp (Debra Hill/John Carpenter). R: Rick Rosenthal. B: John Carpenter/Debra Hill. K: Dean Cundey. M: John Carpenter/Alan Howarth. D: Jamie Lee Curtis, Donald Pleasence, Charles Cyphers, Jeffrey Kramer, Lance Guest, Pamela Susan Shoop, Hunter von Leer, Dick Warlock. 92 Minuten. Metrocolor. V: ITT Contrast.

The Howling (Das Tier). USA. P: IFI-Wescom (Daniel H. Blatt). R: Joe Dante. B: John Sayles/Terence H. Winkless (nach dem Roman von Gary Brandner). K: John Hora. M: Pino Donaggio. Ma: Rob Bottin. D: Dee Wallace, Elisabeth Brooks, Patrick MacNee, Dennis Dugan, Christopher Stone, Belinda Balaski, Kevin McCarthy, John Carradine, Slim Pickens, Robert Picardo, Dick Miller. 91 Minuten. CFI-Color. V: Constantin.

Scanners (Scanners – Ihre Gedanken können töten). Kanada. P: Filmplan Int'l (Claude Heroux). RB: David Cronenberg. K:

Mark Irwin. M: Howard Shore. Ma: Dick Smith/Stephen Dupuis. D: Stephen Lack, Jennifer O'Neill, Patrick McGoohan, Michael Ironside, Lawrence Dane, Charles Shamata, Adam Ludwig, Victor Desy, Mavor Moore, Robert Silverman. 102 Minuten. CFI-Color. V: UfA.

1982

Basket Case (Basket Case – Der unheimliche Zwilling). USA. P: Analysis (Edgar Ievins). RB: Frank Henenlotter. K: Bruce Torbet. M: Gus Russo. Ma: Kevin Haney/John Caglione jr. D: Kevin van Hentenryck, Terri Susan Smith, Beverly Bonner, Robert Vogel, Diana Browne, Lloyd Pace, Bill Freeman. 90 Minuten. TVC-Color.

Cat People (Katzenmenschen). USA. P: Universal (Charles Fries). R: Paul Schrader. B: Alan Ormsby (nach dem Film von Jacques Tourneur). K: John Bailey/Paul vom Brack. M: Giorgio Moroder/David Bowie. SpE: Albert Whitlock. Ma: Thomas Burman. D: Nastassia Kinski, Malcolm McDowell, John Heard, Annette O'Toole, Ruby Dee, Ed Begley jr., Scott Paulin, Frankie Faison, Ron Diamond, Lynn Lowry. 118 Minuten. Technicolor. V: CIC.

Creepshow (Die unheimlich verrückte Geisterstunde). USA. P: Laurel Film (Richard Rubinstein). R: George A. Romero. B: Ste-

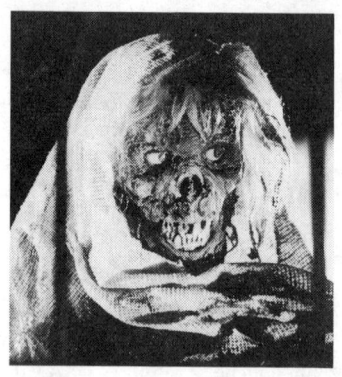

phen King. K: Michael Gornick.
M: John Harrison. Ma: Tom Savi-
ni. D: Hal Holbrook, Adrienne
Barbeau, Fritz Weaver, Leslie
Nielsen, E. G. Marshall, Viveca
Lindfors, Stephen King, Ed Har-
ris, Carrie Nye. 129 (94) Minuten.
Farbe. V: Constantin.

The Entity (Entity – Es gibt kein
Entrinnen vor dem Unsichtbaren,
das uns verfolgt). USA. P: Ameri-
can Cinema Prod (Harold Schnei-
der). R: Sidney J. Furie. B: Frank
de Felitta (nach seinem Roman).
K: Stephen H. Burum. M: Charles
Bernstein. SpE: William Cruse.
D: Barbara Hershey, Ron Silver,
David Labiosa, George Coe, Mar-
garet Blye, Jacqueline Brookes,
Richard Bestoff. 125 Minuten.
Technicolor. V: CBS/Fox.

Friday the 13th Part 3 (Und wie-
der ist Freitag, der 13.). USA. P:
Paramount (Frank Mancuso jr.).
R: Steve Miner. B: Martin Kitros-
ser. K: Gerald Feil. M: Harry
Manfredini. Ma: White/Apone/

Carrisosa. D: Dana Kimmell, Ri-
chard Brooker, Catherine Parks,
Paul Kratka, Jeff Rogers, Larry
Zerner, Tracie Savage, Rachel
Howard. 95 Minuten. Movielab-
Color. 3-D. V: CIC.

**Halloween 3: Season of the
Witch.** USA. P: Universal (John
Carpenter/Debra Hill). RB: Tom-
my Lee Wallace. K: Dean Cun-
dey. M: John Carpenter/Alan Ho-
warth. Ma: Tom Burman. D: Tom
Atkins, Stacey Nelkin, Dan
O'Herlihy, Ralph Strait, Michael
Currie, Jadeen Barbor, Bradley
Schachter, Garn Stephens. 96 Mi-
nuten. Technicolor.

Poltergeist (Poltergeist). USA.
P: MGM (Steven Spielberg/Frank
Marshall). R: Tobe Hooper. B:
Steven Spielberg/Michael Grais/
Mark Vidor. K: Matthew F. Leo-
netti. M: Jerry Goldsmith. SpE:
ILM (Richard Edlund). Ma: Craig
Reardon. D: Craig T. Nelson, Jo-
Beth Williams, Beatrice Straight,
Dominique Dunne, Oliver Ro-
bins, Heather O'Rourke, Zelda
Rubinstein, Martin Casella, Ri-
chard Lawson. 114 Minuten. Me-
trocolor. V: MGM/UA.

1983

Christine (Christine). USA. P:
Columbia-Delphi III (Richard
Kobritz). R: John Carpenter. B:
Bill Phillips (nach dem Roman von
Stephen King). K: Donald M.
Morgan. M: John Carpenter/Alan
Howarth. SpE: Roy Arbogast. D:

Keith Gordon, John Stockwell, Alexandra Paul, Robert Prosky, Harry Dean Stanton, Christine Belford, Roberts Blossom, William Ostrander, David Spielberg. 110 Minuten. Metrocolor. V: RCA/Columbia.

Cujo (Cujo). USA. P: Taft Entertainment (Daniel H. Blatt/Robert Singer). R: Lewis Teague. B: Don Carlos Dunaway/Lauren Currier (nach dem Roman von Stephen King). K: Jan de Bont. M: Charles Bernstein. Ma: Peter Knowlton. D: Dee Wallace, Danny Pintauro, Daniel Hugh-Kelly, Christopher Stone, Ed Lauter, Kaiulani Lee, Billy Jacoby, Mills Watson. 91 Minuten. CFI-Color. V: Warner.

The Dead Zone (Dead Zone – Der Attentäter). USA. P: Dino de Laurentiis Corp (Debra Hill). R: David Cronenberg. B: Jeffrey Boam (nach dem Roman von Stephen King). K: Mark Irwin. M:

Michael Kamen. SpE: Jon Belyeu. D: Christopher Walken, Brooke Adams, Tom Skerritt, Herbert Lom, Anthony Zerbe, Colleen Dewhurst, Martin Sheen, Nicholas Campbell, Sean Sullivan. 102 Minuten. Technicolor. V: Thorn-EMI.

The Evil Dead (Tanz der Teufel). USA. P: Renaissance Pictures (Robert Tapert). RB: Sam Raimi. K: Tim Philo. M: Joe LoDuca. SpE: Bart Pierce. Ma: Tom Sullivan. D: Bruce Campbell, Ellen Sandweiss, Betsy Baker, Hal Delrich, Sarah York. 85 Minuten. Du Art-Color.

The Hunger (Begierde). USA. P: Shepherd Co. (Richard Shepherd). R: Tony Scott. B: Ivan Davis/Michael Thomas (nach dem Roman von Whitley Strieber). K: Stephen Goldblatt. M: Michel Rubini. Ma: Dick Smith/Carl Fullerton. D: Catherine Deneuve, David Bowie, Susan Sarandon, Cliff De Young, Beth Ehlers, Dan Hedaya, Rufus Collins, Suzanne Bertish, James Aubrey. 97 Minuten. Metrocolor. V: EuroVideo.

The Keep (Die unheimliche Macht). GB. P: Paramount (Gene Kirkwood/Howard W. Koch jr.). RB: Michael Mann (nach dem Roman von F. Paul Wilson). K: Alex Thomson. M: Tangerine Dream. SpE: Wally Veever/Robin Browne. Ma: Nick Maley. D: Scott Glenn, Alberta Watson, Jürgen Prochnow, Robert Prosky, Ga-

briel Byrne, Ian McKellen, Morgan Shepard, Royston Tickner. 96 Minuten. Metrocolor. V: CIC.

Psycho 2 (Psycho 2). USA. P: Universal (Hilton A. Green). R: Richard Franklin. B: Tom Holland. K: Dean Cundey. M: Jerry Goldsmith. SpE: Albert Whitlock. Ma: Michael McCracken/ Chuck Crafts. D: Anthony Perkins, Vera Miles, Meg Tilly, Robert Loggia, Dennis Franz, Hugh Gillin, Claudia Bryar, Robert Alan Browne, Ben Hartigan, Tom Holland. 113 Minuten. Technicolor. V: CIC.

Videodrome (Videodrome). Kanada. P: Filmplan Int'l (Claude Heroux). RB: David Cronenberg. K: Mark Irwin. M: Howard Shore. Ma: Rick Baker. D: James Woods, Sonja Smits, Deborah Harry, Peter Dvorsky, Les Carl-son, Jack Creley, Lynne Gorman, Julie Khaner, Reiner Schwarz. 88 Minuten. Eastmancolor. V: CIC.

1984

Children of the Corn (Kinder des Zorns). USA. P: Gatlin/Angeles Group/Iverness (Donald P. Porchers/Terrence Kirby). R: Fritz Kiersch. B: George Goldsmith (nach der Kurzgeschichte von Stephen King). K: Raoul Lomas. M: Jonathan Elias. SpE: Max W. Anderson. D: Peter Horton, Linda Hamilton, R. G. Armstrong, John Franklin, Courtney Gains, Robby Kiger, Annemarie McEvoy, Julie Maddalena, Jonas Marlowe. 93 Minuten. CFI-Color. V: Thorn-EMI.

Firestarter (Der Feuerteufel). USA. P: Dino de Laurentiis Corp (Frank Capra jr.). R: Mark L. Lester. B: Stanley Mann (nach dem Roman von Stephen King). K: Giuseppe Ruzzolini. M: Tangerine Dream. SpE: Mike Wood/Jeff Jarvis. D: David Keith, Drew Barrymore, George C. Scott, Martin Sheen, Heather Locklear, Art Carney, Louise Fletcher, Moses Gunn, Freddie Jones. 115 Minuten. Technicolor. V: Thorn-EMI.

Friday the 13th – The Final Chapter (Freitag, der 13. – Das letzte Kapitel). USA. P: Paramount (Frank Mancuso jr.). R: Joseph Zito. B: Barney Cohen. K: Joao Fernandes. M: Harry Manfredini. Ma: Tom Savini. D: Crispin Glover, Kimberly Beck, Barbara Howard, E. Erich Anderson, Corey Feldman, Alan Hayes, Judie Aronson, Ted White, Lawrence Monoson. 91 Minuten. Movielab-Color. V: CIC.

Ghostbusters (Ghostbusters – Die Geisterjäger). USA. P: Columbia-Delphi III (Ivan Reitman).

R: Ivan Reitman. B: Dan Aykroyd/Harold Ramis. K: Laszlo Kovacs. M: Elmer Bernstein. SpE: Richard Edlund. D: Bill Murray, Dan Aykroyd, Sigourney Weaver, Harold Ramis, Rick Moranis, Annie Potts, William Atherton, Ernie Hudson, David Margulies, Steven Tash, Jennifer Runyon. 107 Minuten. Metrocolor. V: RCA/Columbia.

Gremlins (Gremlins – Kleine Monster). USA. P: Amblin' Entertainment (Michael Finnell). R: Joe Dante. B: Chris Columbus. K: John Hora. M: Jerry Goldsmith. SpE: Bob MacDonald sr. Ma: Chris Walas. D: Zach Galligan, Hoyt Axton, Frances Lee MacCain, Phoebe Cates, Polly Holliday, Scott Brady, Glynn Turman, Corey Feldman, Dick Miller, Keye Luke. 111 Minuten. Technicolor. V: Warner.

A Nightmare on Elm Street (Nightmare – Mörderische Träume). USA. P: Elm St. Venture (Robert Shaye). RB: Wes Craven. K: Jacques Haitkin. M: Charles Bernstein. SpE: Jim Doyle. Ma: David Miller. D: Heather Langenkamp, John Saxon, Ronee Blakely, Amanda Wyss, Nick Corri, Johnny Depp, Robert Englund, Charles Fleischer. 91 Minuten. DeLuxe-Color. V: CBS/Fox.

1985

The Bride (Die Braut). USA. P: Columbia-Delphi III (Victor

Drai). R: Franc Roddam. B: Lloyd Fonvielle. K: Stephen H. Burum. M: Maurice Jarre. Ma: Sarah Monzani. D: Sting, Jennifer Beals, Clancy Brown, David Rappaport, Geraldine Page, Anthony Higgins, Alexei Sayle, Phil Daniels, Veruschka, Quentin Crisp. 118 Minuten. Rank-Color.

Day of the Dead. USA. P: Laurel (Richard P. Rubinstein). RB George A. Romero. K: Michael Gornick. M: John Harrison. Ma: Tom Savini. D: Lori Cardille, Terry Alexander, Joseph Pilato, Jarlath Conroy, Antone DiLeo jr., Richard Liberty, Howard Sherman, Gary Howard Klar, Ralph Marrero, John Amplas. 102 Minuten. Farbe.

Friday the 13th – A New Beginning (Freitag, der 13. – Ein neuer Anfang). USA. P: Paramount (Timothy Silver). R: Danny Steinmann. B: Martin Kitrosser/David Cohen/Martin Steinmann. K: Stephen L. Posey. M: Harry Manfredini. Ma: Martin Becker. D: John Shepard, Melanie Kinnaman, Shavar Ross, Richard Young, Carol Lacatell, Vernon Washington, Dominic Brascia, Tiffany Helm. 92 Minuten. Metrocolor. V: CIC.

Fright Night (Fright Night – Die rabenschwarze Nacht). USA. P: Columbia-Delphi III (Herb Jaffe). RB: Tom Holland. K: Jan Kiesser. M: Brad Fiedel. SpE: Richard Edlund. D: Chris Sarandon, William Ragdale, Amanda Bearse, Roddy McDowall, Stephen Geoffreys, Jonathan Stark, Dorothy Fielding, Art J. Evans. 105 Minuten. Metrocolor.

Lifeforce (Lifeforce – Die tödliche Bedrohung). GB. P: Cannon (Menahem Golan/Yoram Globus). R: Tobe Hooper. B: Dan O'Bannon/Don Jakoby (nach dem Roman »The Space Vampires« von Colin Wilson). K: Alan Hume. M: Henry Mancini. SpE: John Dykstra. Ma: Nick Maley. D: Steve Railsback, Peter Firth, Frank Finlay, Mathilda May, Patrick Stewart, Michael Gothard, Nicholas Ball, Aubrey Morris. 101 Minuten. Rank-Color. V: VMP.

Return of the Living Dead (Verdammt, die Zombies kommen). USA. P: Fox Films (Tom Fox). RB: Dan O'Bannon (nach einer Story von Rudy Ricci, John Russo und Russell Streiner). K: Jules Brenner. M: Matt Clifford. Ma: Bill Munns. D: Clu Gulager, James Caren, Don Calfa, Thom Mathews, Beverly Randolph, John Philbin, Jewel Shepard, Miguel Nunez, Brian Peck. 90 Minuten. DeLuxe-Color.

Silver Bullet (Der Werwolf von Tarker Mills). USA. P: Dino de Lauretiis Corp (Martha Schumacher). R: Daniel Attias. B: Stephen King (nach seiner Kurzgeschichte »Cycle of the Werewolf«). K: Armando Nannuzzi. M: Jay Chattaway. SpE: Carlo Rambaldi. D: Gary Busey, Corey Haim, Megan Follows, Everett McGill, Terry O'Quinn, Robin Groven, Leon Russom, Bill Smitrovich. 95 Minuten. Technicolor.

Teen Wolf (Teen Wolf). USA. P: Wolfkill (Mark Levinson/Scott Rosenfelt). R: Rod Daniel. B: Joseph Loch/Matthew Weisman. K: Tim Suhrstedt. M: Miles Goodman. Ma: Tom Burman/Jefferson Dawn/Kyle Tucy. D: Michael J. Fox, James Hampton, Scott Paulin, Susan Ursitti, Jerry Levine, Jim Mackrell, Lorie Griffin, Mark Arnold, Matt Adler. 91 Minuten. United-Color. V: UfA.

1986

Aliens (Aliens – Die Rückkehr). USA/GB. P: Brandywine (Gale Anne Hurd). RB: James Cameron (nach seiner Story von James Cameron, David Giler und Walter Hill). K: Adrian Biddle. M: James Horner. SpE: Robert Skotak, David Skotak. Ma: Stan Winston. D: Sigourney Weaver, Carrie Henn, Michael Biehn, Paul Reiser, Lance Henriksen, Bill Paxton, William Hope, Jenette Goldstein, Al Matthews, 137 Minuten. Rank-Color.

Friday the 13th Part 6 – Jason Lives. USA. P: Terror Inc. (Don Behrns). RB: Tom McLaughlin. K: Jon R. Kranhouse. M: Harry Manfredini. SpE: Pamela Becker. D: Thom Mathews, Jennifer Cooke, David Kagen, C.J. Graham, Kerry Noonan, Renee Jones, Tom Fridley, Darcy Demoss, Vincent Guastaferro. 87 Minuten. Metrocolor.

House (House). USA. P: New World Pictures (Sean S. Cunningham). R: Steve Miner. B: Ethan Wiley (nach einer Story von Fred Dekker). K: Mac Ahlberg. M: Harry Manfredini. SpE: Dream Quest Images. D: William Katt, George Wendt, Richard Moll, Kay Lenz, Mary Stavin, Michael Ensign, Susan French, Eric Silver, Mark Silver. 92 Minuten. Metrocolor.

Maximum Overdrive (Rhea-M – Es kam ohne Warnung). USA. P: De Laurentiis Entertainment Group (Martha Schumacher). RB: Stephen King (nach seiner Kurzgeschichte »Trucks«). K: Armando Nannuzzi. M: AC/DC. SpE: Barry Nolan/Van der Veer Photo Effects. Ma: Dean Gates. D: Emilio Estevez, Pat Hingle, Laura Harrington, Yeardley Smith, John Short, Ellen McElduff, J.C. Quinn, Christopher Murney, Holter Graham. 97 Minuten. Technicolor.

Poltergeist 2: The Other Side (Poltergeist 2 – Die andere Seite). USA. P: MGM Entertainment (Mark Victor, Michael Grais). R: Brian Gibson. B: Mark Victor/Michael Grais. K: Andrew Laszlo. M: Jerry Goldsmith. SpE: Richard Edlund. D: JoBeth Williams, Craig T. Nelson, Heather O'Rourke, Oliver Robins, Zelda Rubinstein, Will Sampson, Julian Beck, Geraldine Fitzgerald. 90 Minuten. Metrocolor.

Psycho 3 (Psycho 3). USA. P: Universal (Hilton A. Green). R: Anthony Perkins. B: Charles Edward Pogue. K: Bruce Surtees. M: Carter Burwell. Ma: Michael

Westmore. D: Anthony Perkins, Diana Scarwid, Jeff Fahey, Roberta Maxwell, Hugh Gillin, Lee Garlington, Robert Alan Browne. 96 Minuten. Farbe.

The Texas Chainsaw Massacre 2. USA. P: Cannon (Menahem Golan, Yoram Globus. R: Tobe Hooper. B: L.M. Kit Carson. K: Richard Kooris. M: Tobe Hooper/Jerry Lambert. Ma: Tom Savini. D: Dennis Hopper, Caroline Williams, Bill Johnson, Jim Siedow, Bill Moseley, Lou Perry. 95 Minuten. TVC-Color.

Anmerkungen

1 Georg Seeßlen/Claudius Weil: Kino des Phantastischen. Reinbek bei Hamburg 1980. S. 40

2 Wann immer der Zuschauer in einem modernen Horrorfilm grundlos und völlig unwillkürlich erschrickt, darf er vermuten, Opfer einer solchen subliminalen Manipulation geworden zu sein. *The Exorcist* verwendet solche nur unterbewußt wahrnehmbaren Bilder während Jason Millers Traum und bei Pazuzus Erscheinung, *Twilight Zone – the Movie* bei John Lithgows Blick aus dem Flugzeugfenster.

3 Seeßlen/Weil, a.a.O., S. 40

4 David Soren: The Rise and Fall of the Horror Film. An Art Historical Approach to Fantasy Cinema. Columbia 1977. S. 10

5 Eine ausführliche semiotische Analyse von Edward Halperins *White Zombie* findet sich in Barry Keith Grant (Hrsg.): The Planks of Reason. Metuchen/London 1984. S. 346–389

6 Wer genau für die Serie verantwortlich ist, läßt sich in letzter Konsequenz nur schwer ermitteln. Einerseits könnte Tourneur in seinen späteren Filmen versucht haben, das Rezept von Lewton zu kopieren. Andererseits könnte Lewton Tourneurs Nachfolger bewußt dazu angehalten haben, sich am Stil Jacques Tourneurs zu orientieren.

7 Soren, a.a.O., S. 69

8 Alain J. Silver/James Ursini: Mario Bava. Die Illusion der Wirklichkeit. In: Photon Nr. 26, 1975, S. 43

9 Ein besonders ausgeprägtes Beispiel dafür liefern Ronald M. Hahn und Volker Jansen in ihrem »Lexikon des Horror-Films«.

10 Andreas Meyer in: Medium. Zitiert nach Ronald M. Hahn/Volker Jansen: Kultfilme. München 1985. S. 151 f.

11 Robin Wood: An Introduction to the American Horror Film. In: R. Wood/Richard Lippe (Hrsg.): American Nightmare. Essays on the Horror Film. Toronto 1979. S. 7 f.

12 Bram Stoker: Dracula. München 1984. S. 33

13 Seeßlen/Weil, a.a.O., S. 32

14 Sigmund Freud: Totem und Tabu. Frankfurt am Main 1956. S. 145 f.

15 Freud, a.a.O., S. 147

16 Ein wirklich radikaler Kritiker könnte freilich auch das Inzesttabu als »surplus repression« bezeichnen, weil es indirekt mit

dem Beginn des Patriarchats zusammenhängt. Es würde im Rahmen dieses Buches jedoch zu weit führen, diesen Standpunkt in allen Konsequenzen durchzudiskutieren.

17 Eine ausführliche Analyse des Inzest-Motivs in Bram Stokers »Dracula« findet sich in James B. Twitchells »Dreadful Pleasures«, New York/Oxford 1985, dessen Argumentation ich in diesem Kapitel teilweise übernommen habe.
18 Mary Shelley: Frankenstein oder Der neue Prometheus. München 1972. S. 32
19 James B. Twitchell: Dreadful Pleasures. New York/Oxford 1985. S. 170
20 Seeßlen/Weil, a.a.O., S. 121
21 Bruno Bettelheim: Kinder brauchen Märchen. München 1977. S. 361 f.
22 Georg Seeßlen: Kino der Angst. Reinbek bei Hamburg 1980. S. 174
23 Daß Norman Bates auch seine Mutter ermordet hat, kommt erst in dem 22 Jahre später entstandenen *Psycho 2* zur Sprache.
24 Joachim F. Müller: Creepshow. S. 7. In Norbert Stresau (Hrsg.): Enzyklopädie des phantastischen Films. Meitingen 1986.

Bibliographie

Der Laie staunt,
bis er ein Fachmann ist
Sprichwort

I. Geschichte und Mythologie

Forrest J. Ackerman (Hrsg.): The Best From Famous Monsters of Filmland. New York 1964.

Forrest J. Ackerman (Hrsg.): Famous Monsters of Filmland Strike Back. New York 1965.

Forrest J. Ackerman (Hrsg.): Sons of Famous Monsters of Filmland. New York 1965.

Forrest J. Ackerman: The Frankenscience Monster. New York 1969.

Werner Adrian: Freaks. Cinema of the Bizarre. New York 1976.

David Annan: Ape. The Kingdom of Kong. London 1975.

David Annan: Movie Fantastic. Beyond the Dream Machine. New York 1975.

Thomas G. Aylesworth: Movie Monsters. Philadelphia 1972.

Thomas G. Aylesworth: Monsters from the Movies. Philadelphia 1972.

Robert Baier/Burghardt Heer: Der Horrorfilm. Aachen 1976.

Mark Baraket: Screen Gems. New York 1977.

Dulan Barber: The Horrific World of Monsters. London 1974.

K. H. Bohrer: Die Ästhetik des Schreckens. München 1978.

Thomas Brandlmeier/Ulrich Kurowski/Klaus Reimer/Heidi Pillhatsch: Hollywood Horror (1920–1960). München 1980.

Ivan Butler: Horror in the Cinema. South Brunswick/London 1979. (Bearbeitete Neuauflage von: The Horror Film. New York 1967.)

Carlos Clarens: An Illustrated History of the Horror Films. New York 1967.

Daniel Cohen: Horror in the Movies. Boston 1982.

Les Daniels: Living in Fear. A History of Horror in the Mass Media. New York 1983.

Robert K. Davidson: Great Monsters of the Movies. New York 1977.

George De Coulteray: Sadism in the Cinema. New York 1965.

Charles Derry: Dark Dreams. A Psychological History of the Modern Horror Film. South Brunswick 1977.

Bruce Dettman: The Horror Factory. The Horror Films of Universal 1931–1955. New York 1976.

Richard Dillard: Horror Films. New York 1975.

Drake Douglas: Horror! New York 1966.

Raymond Durgnat: Sexus Eros Kino. München 1967.

Edward Edelson: Great Monsters of the Movies. Garden City 1973.

Lotte H. Eisner: Die dämonische Leinwand. Wiesbaden 1955.

William K. Everson: Klassiker des Horrorfilms. München 1980.

Allen Eyles (Hrsg.): Horror Film Album. London 1971.

Allen Eyles/Robert Adkinson/Nicholas Fry: The House of Horror. The Story of Hammer Films. New York 1974.

Radu Florescu/Alan Barbour/Matei Cazacu: In Search of Frankenstein. Boston 1975.

Alan G. Frank: Horror Movies. Tales of Terror in the Cinema. London 1974.

Alan G. Frank: Monsters & Vampires. London 1976.

Alan G. Frank: The Horror Film Handbook. London 1982.

Alan G. Frank: Horror Films. London 1983.

Favius Friedman: Great Horror Movies. New York 1974.

Rolf Giesen: Der phantastische Film. Zur Soziologie von Horror, Science Fiction und Fantasy im Kino. Schondorf/Ammersee 1979. Populäre Neubearbeitung Ebersberg 1983.

Denis Gifford: Movie Monsters. New York 1969.

Denis Gifford: A Pictorial History of Horror Movies. London/New York/Sidney/Toronto 1983.

Donald F. Glut: The Frankenstein Legend. Metuchen 1973.

Donald F. Glut: The Dracula Book. Metuchen 1975.

Donald F. Glut: Classic Movie Monsters. Metuchen 1978.

Barry Keith Grant (Hrsg.): Planks of Reason. Essays on the Horror Film. Metuchen 1984.

Peter Haining (Hrsg.): The Ghouls. New York 1971.

Roy G. Huss/T. J. Ross (Hrsg.): Focus on the Horror Film. Englewood Cliffs 1972.

Tom Hutchinson: Horror and Fantasy in the Cinema. London 1974.

Tom Hutchinson/Roy Pickard: Horrors. A History of Horror Movies. London 1983.

Ernest Jones: On the Nightmare. Liveright 1951.

Stephen King: Danse Macabre. New York 1980.

Siegfried Kracauer: Von Caligari zu Hitler, Frankfurt a. M. 1984.

Michel Laclos: Le Fantastique au Cinema. Paris 1958.

Gerard Lenne: Le cinema »fantastique« et ses mythologies. Paris 1970.

Rose London: Cinema of Mystery. New York 1975.

Rose London: Zombie. The Living Dead. London 1976.

W. A. Losano: The Horror Film and the Gothic Narrative Tradition. Troy 1973.

Frank Manchel: Terrors of the Screen. Englewood Cliffs 1970.

Gregory W. Mank: It's Alive! The Classic Cinema Saga of Frankenstein. San Diego 1981.

John McCarty: Splatter Movies. Breaking the Last Taboo. New York 1981.

Frank McConnell: Terrors of the Screen. Englewood Cliffs 1970.

Raymond McNally/Radu Florescu: In Search of Dracula: A True History of Dracula and Vampire Legends. Greenwich 1972.

Richard Meyers: The World of Fantasy Films. London 1979.

Robert F. Moss: Der klassische Horrorfilm. München 1982.

Michael J. Murphy: The Celluloid Vampires. A History and Filmography 1897–1979. Ann Arbor 1980.

Kim Newman: Nightmare Movies. New York/London 1984.

Peter Nicholls: Fantastic Cinema. London 1984.

Barrie Pattison: The Seal of Dracula. New York 1975.

David Pirie: A Heritage of Horror. The English Gothic Cinema 1946–1972. London 1973.

David Pirie: Vampir-Filmkult. Gütersloh 1977.

Siegbert Saloman Prawer: Caligari's Children. Film as Tale of Horror. Oxford 1979.

Michael Price/George E. Turner: Human Monsters in the Cinema. Cranbury/London 1980.

Vincent Price: Monsters. New York 1981.

Ernest Prodolliet: Nosferatu. Die Entwicklung des Vampirfilms von Friedrich Wilhelm Murnau bis Werner Herzog. Freiburg i. Ue. 1980.

Robert George Reisner: The Brave Ghouls. Indianapolis 1960.

Martin Riccardo: Vampires Unearthed. New York 1983.

Gabriel Ronay: The Dracula Myth. o.O. 1972.

Robert Quackenbush: Movie Monsters and Their Masters. The Birth of the Horror Film. Racine 1980.

Georg Seeßlen/Claudius Weil: Kino des Phantastischen. Geschichte und Mythologie des Horror-Films. Reinbek bei Hamburg 1980.

Demetrio Soare: Il cinema thrilling. Da Psycho a Tenebre. Rom 1982.

David Soren: The Rise and Fall of the Horror Film. An Art History Approach to Fantasy Cinema. Columbia 1977.

Brad Steiger: Monsters, Maidens and Mayhem. A Pictorial History of Horror Film Monsters. New York 1965.

John Stoker: The Illustrated Frankenstein. Newton Abbott 1980.

Robert J. Stoller: Perversion, the Erotic Form of Hatred. o.O. 1976.

Dieter Sturm/Klaus Völker (Hrsg.): Von denen Vampiren und Menschensaugern. München 1968.

Ian Thorne: Frankenstein. Mankato 1977.

Martin Tropp: Mary Shelley's Monster. Boston 1976.

George E. Turner: Human Monsters in the Cinema. South Brunswick 1980.

George E. Turner/Michael Price: Forgotten Horrors. Early Talkie Chillers from Poverty Row. South Brunswick/London 1979.

James Ursini/Alain Silver: The Vampire Film. South Brunswick 1975.

Klaus Völker (Hrsg.): Künstliche Menschen. München 1971.

Klaus Völker: Von Werwölfen und anderen Tiermenschen. München 1972.

Leonard Wolf: A Dream of Dracula. In Search of the Living Dead. Boston 1972.

Robin Wood (Hrsg.): American Nightmare. Essays on the Horror Film. Ottawa 1979.

A. L. Zambrano: Horror in Film and Literature. New York 1976.

II. Personen (Auswahl)

Forrest J. Ackerman: Lon of 1000 Faces. Beverly Hills 1983.

R. G. Anderson: Faces, Forms, Films. The Artistry of Lon Chaney. New York 1971.

Alan G. Barbour/Alvin H. Marill/James Robert Parish: Karloff. Kew Gardens 1969.

Calvin Beck: Heroes of the Horrors. New York 1975.

Calvin Beck: Scream Queens. Heroines of Horror. London 1980.

Michael Bliss: Brian de Palma. Metuchen 1983.

Richard Bojarski: The Films of Bela Lugosi. Secaucus 1980.

Richard Bojarki/Kenneth Beals: The Films of Boris Karloff. Secaucus 1974.

John Brosnan: The Horror People. New York 1976.

Robert Cremer: Lugosi. The Man Behind the Cape. Chicago 1976.

James Curtis: James Whale. Metuchen 1982.

Clive Denton: James Whale. Ace Director. Don Mills 1979.

Gerard Garret: The Films of Christopher Lee. London 1975.

Denis Gifford: Karloff. The Man, the Monster, the Movies. New York 1973.

Ray Harryhausen: Film Fantasy Scrapbook. London/New York 1972.

Piers Handling (Hrsg.): The Shape of Rage. The Films of David Cronenberg. Toronto/New York 1983.

Paul M. Jensen: Boris Karloff and His Films. New York 1974.

J. F. McCash: The Films of Vincent Price. London 1977.

Ed Naha: The Films of Roger Corman. New York 1982.

Gary Parfitt: The Films of Peter Cushing. Oldfield Park 1975.

James Robert Parish/Steven Whitney: Vincent Price Unmasked. New York 1974.

Michael R. Pitts: Horror Film Stars. Jefferson 1981.

Ellis Reed: A Journey Into Darkness. The Art of James Whale's Horror Films. New York 1980.

Jean Rollin/Ado Kyrou: Sex vampire de Jean Rollin. Paris 1972.

Stuart Rosenthal/Judith M. Kass: Tod Browning/Don Siegel. London/New York 1975.

Joel E. Siegel: Val Lewton. The Reality of Terror. New York 1973.

P. Underwood: Horror Man. The Life of Boris Karloff. London 1972.

Paul Welsh: The Spine Chillers. Chaney jr., Cushing, Lee and Price. Ilfracombe 1975.

Paul Willeman/Claire Johnston (Hrsg.): Jacques Tourneur. Edinburgh 1975.

III. Lexikas

Chas Balun: The Connoisseur's Guide to the Contemporary Horror Film from Night of the Living Dead to Videodrome. o.O. 1983.

Peter Gaschler/Norbert Stresau (Hrsg.): Enzyklopädie des phantastischen Films. Meitingen 1986.

Rolf Giesen: Lexikon des phantastischen Films. Frankfurt a. M./Berlin/Wien 1984.

Ronald M. Hahn/Volker Jansen: Lexikon des Horror-Films. Bergisch-Gladbach 1985.

David Hogan: Who's Who of the Horrors. South Brunswick 1980.

Fernand Jung/Claudius Weil/Georg Seeßlen: Der Horror-Film. Regisseure, Stars, Autoren, Spezialisten, Themen und Filme von A bis Z. München 1977.

Mark Lamberti: Transsylvanian Catalog. Mount Vernon 1974.

Walt Lee: Reference Guide to Fantastic Films. Los Angeles 1973/1974.

Walt Lee: Fantastic Films 1940–1941. Los Angeles 1980.

Harris M. Lentz: Science Fiction, Horror & Fantasy Film and Television Credits. Jefferson/London 1983.

Darrell Moore: The Best, Worst and Most Unusual Horror Films. New York 1983.

Ed Naha: Horrors. From Screen to Scream. New York 1975.

Michael Weldon: The Psychotronic Encyclopedia of Film. New York 1983.

Donald C. Willis: Horror And Science Fiction Films. Vol. I, II, III. Metuchen 1972/1982/1984.

Leonard Wolf: Monsters. Twenty Terrible and Wonderful Beasts From the Classic Dragon and Colossal Minotaur to King Kong and the Great Godzilla. San Francisco 1974.

–: Monster's Who's Who. New York 1974.

IV. Tricks

John Brosnan: Movie Magic. The Story of Special Effects in the Cinema. London 1974.

John Culhane: Special Effects in the Movies. New York 1981.

Rolf Giesen: Special Effects. Ebersberg 1985.

David Hutchinson: Special Effects Vol. I and II. New York 1980.

Stephen Mooser: Lights! Camera! Scream! How To Make Your Own Monster Movies. New York 1983.

Jeff Rovin: Movie Special Effects. South Brunswick/London 1977.

Harold Schechter/David Everitt: Filmtricks. Special Effects in the Movies. New York 1980.

Register

261

HEYNE
FILMBIBLIOTHEK

*Themenbände,
die sich mit
bestimmten
Filmarten,
wichtigen
Epochen und
Kategorien
beschäftigen.*

32/40 - DM 9,80

32/62 - DM 6,80

32/68 - DM 10,80

32/54 - DM 9,80

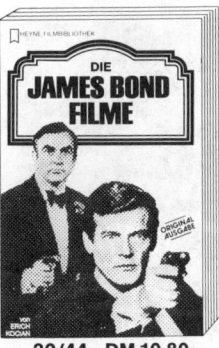

32/44 - DM 10,80

32/78 - DM 12,80

32/95 - DM 12,80

32/100 - DM 12,80

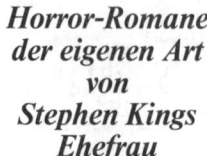

TOP-THRILLER

*Wer Spannung
sagt, meint
Heyne-
Taschenbücher*

Eric van Lustbader
DER NINJA
Roman

01/6381 - DM 9,80

ERIC VAN LUSTBADER
SCHWARZES HERZ

01/6527 - DM 9,80

ROBERT DALEY
DER GEHETZTE BULLE
Roman

01/6556 - DM 7,80

ROBERT DALEY
PRINCE OF THE CITY
ROMAN

01/6436 - DM 7,80

ROBERT DALEY
IM JAHR DES DRACHEN
ROMAN

01/6483 - DM 8,80

COLIN FORBES
Endspurt
ROMAN

01/6644 - DM 7,80

COLIN FORBES
LAWINEN-EXPRESS
ROMAN

01/5631 - DM 7,80

COLIN FORBES
Focus

01/6443 - DM 7,80